日経文庫

NIKKEI BUNKO

ビジネス思考力を鍛える
クイズで特訓50問

細谷功

JN000048

日本経済新聞出版

はじめに

問1　どちらが正解？／基礎

皆さんは次のどちらが正しいと思いますか？　各々どちらかを選んでください。

Q１：部下に対して、Ａ「ほめて育てる」のか　Ｂ「叱って育てる」のか

Q２：国民全員に不公平が生じないように、Ａ全員に同額の補助金を給付する
　　Ｂ所得に応じて低所得者には厚めに高所得者には薄めに補助金を給付する

Q３：顧客の要望は、Ａ聞くべきか　Ｂ聞かざるべきか

Q４：Ａ仕事はできるが嫌われる人を採用する　Ｂ人に好かれるが仕事ができない人を採用する

Q５：Ａ理想より現実を優先して、軍備増強に関して真剣に議論すべきである
　　Ｂ現実より理想を重視して、そもそも軍備増強のこと等一切語るべきではない

【解答】

「正解はない」（すべては状況や前提条件による）

いきなり第1問から何を言い出すんだと思ったかもしれません。50問の問題に答えてもらうことで思考力を養うと言いながら「答えがなければ養いようがないではないか」と思ったかもしれません。

5問をそれぞれ真剣に考えてみればすぐに「そんなの時と場合によって違うだろう」という結論になった人も多かったでしょう。このように、すべての問題は人によって、前提条件によって、つまりは時と場合によって適切な答えは異なります。ところが実際の世の中では、知識人と言われる人も含めて「前提条件を自分の視野や過去の経験から勝手に設定して」かつ「そのこと自体に気がつかないまま」それがすべてであるかのように「正しい」ことであると考えられていることがあります。

逆説的に言いますが、「自分で考える」ための思考力を養ううえで最も重要で、50問中の

図1　実際の社会には正解がある問題はほとんどない

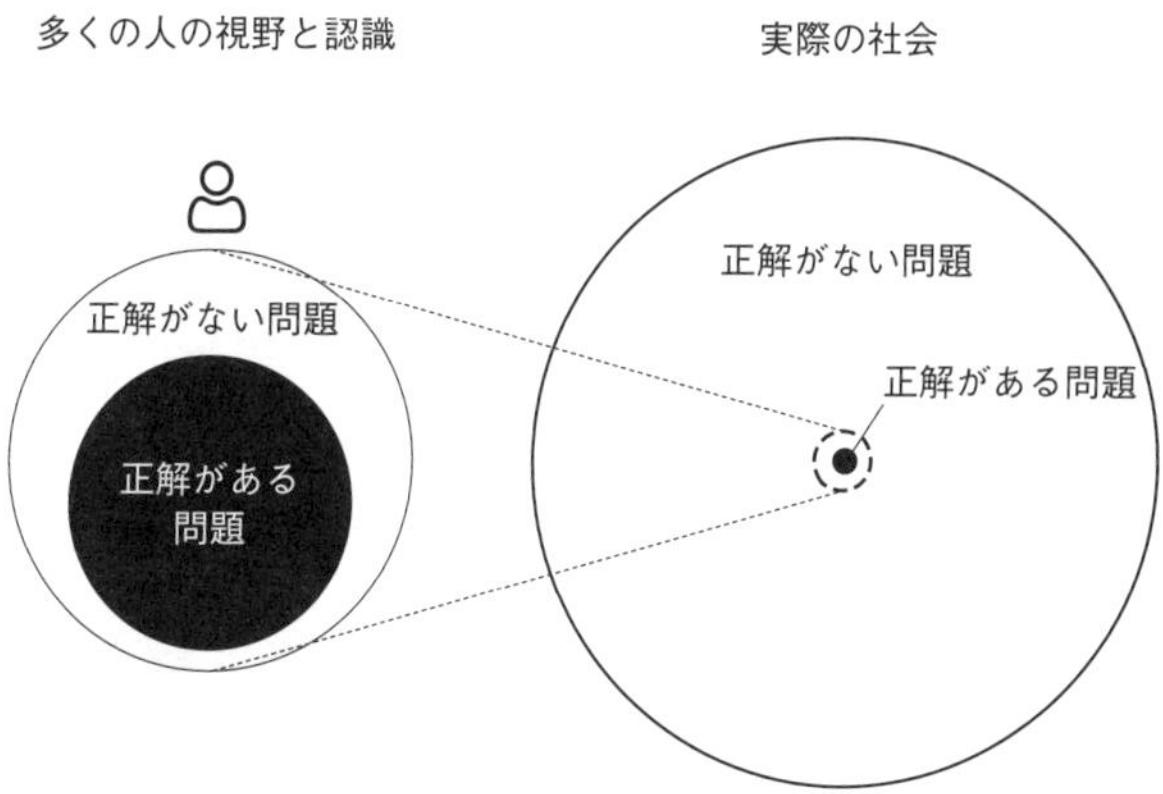

一問目であえて最初に発したいメッセージは、以下のような根本的な姿勢を否定することなのです。

・問題には正解が必ずある
・「偉い人」（有名な学者、会社の上司、学校の先生、子供の時の親）は答えを知っているのでその人に正解を聞けばよい
・問題集には巻末に正解が載っている

この程度のことであれば「そんなことわかっているよ」という人がいるかもしれません。すべての問題に正解があるとは思っていない人は多いと思いますが、それでも「ほとんどの問題には正解がある」と思っている人は多いように見えます。それはなぜかと言えば、ひとえに図1に示すように「見ている視野が狭いから」で

す（図1）。
このため成績を決める多くの試験や「客観的な基準」で評価をしようとする会社の評価制度等は、「ほんのわずかな正解のある世界」を前提に設計されているように見えます。

さらに実社会で頻繁に見られる事象として、例えばＳＮＳ上のやり取りでは、世の中の問題に「正解と不正解がある」という前提で話をしていると思われる人が圧倒的な多数派に見えます。（簡単な判定方法は、会話の中に「正しい」「間違い」という言葉が出てくるかどうかです）建設的な批判は社会を成長させるうえで不可欠なものですが、ＳＮＳ上のほとんどの批判は建設的なものでなく、（自分という）「正義」を広めることで「わかっていない他人」という悪を懲らしめるという構図に基づいているように見えます。炎上や誹謗中傷のほとんどは「正義感」からきているという意見もあります。

世の中に「正解がある」と思っている人たちは、世の専門家や有名人にこのような質問を投げかけます。

「どの株を買えばよいですか？」
「どの本を読めばよいですか？」

「自分の頭で考える」人はこう答えるでしょう。

「知りませんよ、そんなこと。人によって違うでしょ⁉」

逆に上記のような質問に、ろくに相手の事情も確認せずにすらすらと「○○をお勧めします」と答える人も、「正解」（＝自分の意見）が存在しているという前提で発言している人です。

本書のテーマが「自分の頭で考える」ことを前提とすれば、出てくる「答え」は事情がすべて異なる個人間で本来違うものになるはずです。

ということで本書は一問一答のような形をとりながら、ほとんどの答えは受験問題集にあるような「唯一の正解」を示したものではありません。

ページをめくった2ページ目はすべて「自分で考えてください」で終わらせることもできるわけですが（まじめにそのような学校や本があっても良いと思っています。さらに言えば問題のページも同じく「自分で考えてください」が本来あるべき理想的な「自分で考えるための教材」です）、それではあまりに無責任だと著者の余計な親切心がささやいていますので、各問題にはあくまでも皆さんが自分で考えるためのガイドラインを載せておきます。ただしくれぐれも念を押しておきますが、それらのほとんどは「正解」でも何でもありません。

「自分の考え方や結論の方がはるかに良い」と思ったならば、ただちに本書を置いて身の回りの問題を自分で考え始めてください。幸か不幸か、それが本書が目指す最高の姿だからです。

もう一点補足しておきます。それはどういう問題に正解があって、どういう問題に正解がないかです。第1問への正解がないのは、それらがすべて「状況による」からです。言い換えれば、問題というのは前提条件によって、すべて最適な答えが異なるということです。裏を返せば、試験問題のように「正解がある」問題というのは極めて限定的な範囲（例えば受験の世界の「教科書的な世界」）においてなので、正解や不正解が決められるということになります。それが先の図で示したような、現実の世界では極めて限定的な世界でしか唯一絶対の正解はないことの意味合いです。

「前提条件」の典型的な例は「言葉の定義」です。「公平」や「不公平」あるいは「平等」「不平等」という言葉は大変な曲者です。これらには大きく「結果が一緒になる」と「機会が一緒である」の両方が考えられるのですが、これを皆自分にとって都合の良いほうに解釈して、どちらが正しいとか間違いとか議論していることがあります。

このことを別の側面から見てみると、問題が与えられた時に必要なことは「前提条件を確認して誰にでも誤解がないように明確に定義すること」になるのですが、実際の社会では先に述べた通りこれがなされる前に議論が始められて、各自が勝手な前提条件で「正しい」「間違っている」と言い合っていることがほとんどなのです。

ここまでの話と矛盾するようですが、本書にも「正解がある」問題が数多く存在します。そのような問題には必ず、その問題の範囲を限定するような前提条件が存在するので、それらの問題を通じて実社会においても「前提条件を確認すること」の重要性が伝わればと思っています。

本書はこのように一風変わった「問題集」になります。本書を通じて前提条件を含めて「自分で考える」癖付けとそのためのきっかけをつかんでもらえれば、本書の目的は達成されたことになるでしょう。

なお各問題には目安として「基礎」「応用」「実践」の見出しをつけました。必ずしも難易度の順というわけではなく、解答の自由度の順という位置づけで、概ね次のような基準であると理解してください。

「基礎」・・・基本的な事項の確認で「正解がある」問題も多い。むしろ次の解説を読むための要点の確認を先に行うという位置づけのもの

「応用」・・・おそらく最も考えどころの多い問題で、正解は一つでないことが多いが考え方の方向性を解説で示したもの

「実践」・・・自分自身はどうかという実践例に当てはめてみるという問題で、文字通り「なんでも正解になりうる」もの

それでは50問の旅に、どうぞ行ってらっしゃい。

ビジネス思考力を鍛える　クイズで特訓50問〔目次〕

第2章 思考の基本……59

第3章 「具体と抽象」基本編

第1章

前提条件と場合分け

「はじめに」で、正しいか間違いかは「状況による」とお話したのですが、では、その状況とは何なのかが最初のお話です。これは例えば「個人の場合と組織の場合」とか「長期で考える場合と短期で考える場合」とか「リスクを最小にしたいのかリターンを最大にしたいのか」といったようなことなのですが、例えば社会で生きていくうえで意外に多くの人が混同している場合分けの一つに「川上か川下か」というものがあります。文字通りの川の上流と下流をたとえとして、社会や会社の黎明期と成熟期、建築物やプロジェクトで言えば最初の基本構想時と詳細完成時といったものが問3で紹介する「川上と川下」です。

それでは、このような場合分けがどのような問題解決に影響するかを見ていきましょう。

問2　場合分けの重要性／基礎

次のＡＢのどちらが、「正解がある」ことを前提としている場合が多いでしょうか。

①
Ａ客観的な能力を測定するための試験がある世界
Ｂ客観的な能力を測定するための試験がない世界

②
Ａ軍隊型の上意下達の組織や階層関係が確立した大きな組織
Ｂゆるいつながりのコミュニティやフラットなベンチャー企業

③
Ａ土地勘のない領域での初歩的な質問
Ｂ土地勘がある領域での進んだ質問

【解答例と解説】

本書のキーメッセージとして「世の中には正解のある問題の方がはるかに少ない」と「前提条件によって最適な解は異なる」があります。実はこれらは2つ密接に関連していて、その関連がいまの社会を形成しているともいえます。

それは、「正解はない問題がほとんどなのに、なぜ多くの人が正解があるという前提で発言したり行動したりしているのか？」という疑問への回答がヒントを与えてくれます。本書なりの回答は、そこに「前提条件があることにほとんどの人が気づいていないから」です。

言い換えれば、多くの人は自分の知っている世界、経験してきた世界、住んでいる世界が世界のすべてだと思い込んでしまってそのことに気づかず、その世界が「単なる前提条件の一つ」であることを意識していないからだと考えられます。

「それは正解だ」「あなたは間違っている」こんな言葉がネット等にあふれているのがその顕著な表れです。

前置きが長くなったかも知れませんが、これが本書の大前提だけに敢えて明らかにしておきました。その事例の第一弾として、そもそも「正解がある世界とない世界」の違いは何か、そこに置かれた前提条件は何なのかというのが本問の意図です。

①正解がある世界の代表はAのような客観的な能力を測定する必要があるためにそのような試験が存在する世界です。

代表的なのが入学試験や資格試験です。これらは「客観的に」能力を測定する必要があるために「誰が見ても答えが一つに決まる」問題やそれによる評価や合否を判定する仕組みが必須になるのです。

②続いては、正解がある組織とない組織です。これもどちらに組織としての正解があるかは明らかでしょう。

当然Aの組織には「上意下達」つまり、上の役職の人の言っていることが正しいという正解があります。ですから、このような組織では「ロジカルにデータを用いて導き出した解」よりも「上の人が考えていること」が正解となるために自分の頭で考えることよりも「上の人への忖度」が何よりも重要になることが多いです。

「忖度」というのはネガティブにとらえられることも多いかも知れませんが、このような組織における実力というのはほぼ「忖度力」ということもできるでしょう。

③これはすぐにわかると思いますが、Aです。まずははじめにでも記した「おすすめの…」型の質問を尋ねても良い状況はどんな状況か考えてみましょう。

後の例でも出しますが、例えば知らない土地を尋ねる時にそこの「おすすめスポット」や「おすすめのグルメ」を知りたい時などです。これはおそらくほとんどの人が聞いたことがある質問ではないかと思います。同様の質問をネット上で「Google先生」にたずねた人も多いでしょう。

この例のようにすべからく「初心者が専門家に入門方法に関する教えを乞う」場合にはある程度正解型の質問や答えが有効になります。

その理由はいくつかありますが、「初心者」というのはどの世界もそれほど関心に違いがないこと（一般的に知識が増えるにつれて関心や「専門領域」のバリエーションは増えます）、またたとえ初心者に特徴やこだわりがありそうでもその道の専門家であればその辺りを聞き出すこともある程度はだまっていてもできることなどです。

ですから、スポーツや語学学習でよくあるように、初心者のうちは「とにかくだまって一定の『型』を単純な反復練習で習得する」ことが有効なことも多いのです。

このような世界が「正解がある世界」ということになりますが、このような世界の範囲を見て「意外に多いじゃないか」と思った人もいるかも知れません。その人たちは逆に言えば、正解がある世界を居心地が良いと感じ、それを世の中の大半であると判断している人たちです。

実際にはこのような世界は極めて限られた世界で、その他にもいくらでも世界の価値観や仕組みはあり得ると考えるのが常に「正解がない世界で前提条件を決めて最適の解を導こう」という、本書のターゲット読者ということになります。

問3　川上と川下／基礎

収入を上げようと思ったらどのようにすればよいでしょうか。

(1)次の２つの選択肢のメリットとデメリット、あるいはその他の特徴を比較してください。

(2)自分にはどちらの方が向いているかを考えてください。

・いまの職場や仕事でベストを尽くす

・職場や仕事そのものを変える（副業等も含めて）

【解答】

「あの人は早く会社に入った（いまの仕事を始めた）っていう理由だけで楽して高給をもらっている。自分は一生懸命に努力して長時間働いているのに…」

自分自身でそう感じたり、知人からそういう話を聞かされたことのある人は多いのではないでしょうか？

こう感じるのは心情的には理解できますが、実はこの発言は世の中の根本的な仕組みを全く理解していないことからきています（この基本原理すら気づかずに一生を終えていく人も多いように見えます）。

それは本項のテーマである「川上と川下」というものの見方です。その比較を簡単に表で示します。

要は私たちの周りの事象というのは誰かがまずその「土俵」（活動する場所）を築き上げて、それに続く大多数の人たちがその土俵の上で「競技する」という仕組みになっています。そこで土俵を作り上げる川上側の人たちは、他人と違う視点でリスクを冒して原野を切り拓くということをやっているのです。多くの人たちはそんなことは意識せずにその土俵が昔か

図2　「川上」と「川下」の関係性

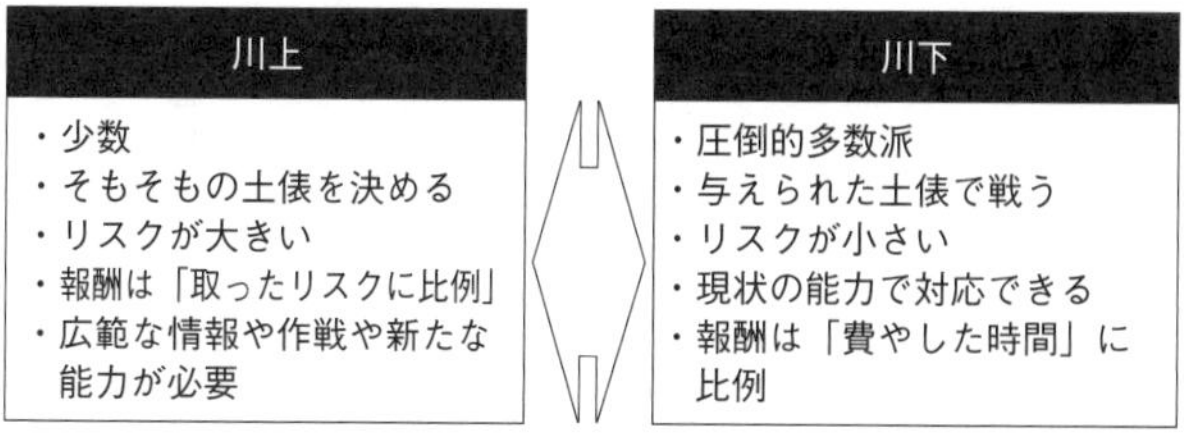

川上
・少数
・そもそもの土俵を決める
・リスクが大きい
・報酬は「取ったリスクに比例」
・広範な情報や作戦や新たな能力が必要

川下
・圧倒的多数派
・与えられた土俵で戦う
・リスクが小さい
・現状の能力で対応できる
・報酬は「費やした時間」に比例

らあったかのようにそこに入ってきてそこで活動することになります。

この構図を踏まえて当初の問題にもどりましょう。収入というのはそもそもなんの仕事を選ぶのか、そして会社員という道を選ぶのであればどの業界や職種、そして会社を選ぶかによって給料の相場は決まってしまいます。ですから同じ会社の同じ役職の中であれば、たとえ10％でも昇給することは至難の業と言えます。

では転職が一番なのかと言えば、それには様々なデメリットなり困難な課題があります。まず仕事を変えるには様々な情報収集が必要です。どの会社や業界に将来性があるのか、そもそもの利益率はどうなのかといった研究が必須となります。さらに新たな知識やスキルを習得することも重要となるでしょう。

さらには転職にはリスクが伴います。「思った通りの仕事や人間関係でなかった」などというのは良く聞く話であり、同じ仕事や職場にとどまっていれば、多少のリスクはあってもとんでもない失敗というのは少ないし、またそれを防ぐ手段も取れると思います。

ただし常にリスクというのは双方向です。大失敗もない代わりに大成功（本問題で言えば収入の大幅アップ）の可能性も、転職する場合に比較すれば限りなく小さくなります。

川下ではある程度「ゲームのルールが決まっている」ために、努力の量が結果に結びつくことが多く、「頑張った（長時間働いた）人が報われる」という価値観が支配しがちだと思いますが、これは川上では必ずしも当てはまらず、「いかに頑張らなくても良い場を選ぶか」が重要です。

「楽をして高給をもらっている」（ように見える）人たちは、実はもっと川上で作戦を練っていたからそうなっていた可能性が高いのです。もちろん「単に運が良かったから」という理由も大きく左右するのも川上の特徴ですが、そういうリスクを冒していること自体に「リスクプレミアム」（リスクをとった人が得られるメリット）が与えられるのです。

同じ構図は「批判している人」と「批判されている人」の間にも見られます。ネット上でもよく見られる構図ですが、「批判されている人」は一見愚かな言動をしてたたかれるために「批判している人」の方が賢く見えることの方が多いですが、批判されている人は先にリスクを取って動いた人であり、後続の（大量の）批判する人のために「土俵を作った」人でもあるわけです。

したがって、良くも悪くも結局世の中を変えるほどのインパクトを与えるのは一見愚かな言動をしているように見える側の川上の人なのです。

川下の人というのは、ある意味「後だしジャンケン」をすればよいので、大負けすることが少なく賢く振舞うことができます。これはプレイヤーと観客との関係と同じで、観客は大失敗して笑われることもない代わりに拍手喝采を浴びることもないのです。

このように川上と川下ではゲームのルールも価値観も全く違うのです。

「それは川上の話をしているのか川下の話をしているのか？」

この問いに答えぬままに「正しい間違い」の議論が始まるのが、前提条件を確認しないことの不毛さを表す典型的事例です。

片方しか経験したことない人は、それが世界のすべてだと思っていることも多く、「もう一つの世界」の価値観を真っ向から否定してしまうことにつながるのです。

問4　「川上と川下」が当てはまるもの／基礎

このような「川上と川下の構図」（メリットやデメリット等も含めて）が同じように当てはまる関係のものが他にもないか考えてみてください。

【解答例】

「新規の市場を作る」のと「既存の市場で競合と戦う」

ビジネスでよく言われる「ブルーオーシャン」と「レッドオーシャン」の違いです。レッドオーシャンの方がおおむね「広大な海」なのでそこに目が行きがちですが、実はそこには魚もたくさんいるために、むしろ「小さいが魚はさらに少ない」ブルーオーシャンよりも激しい競争が繰り広げられます。

「戦略」と「戦術」

勝てる戦場（戦わなくて良い戦場）を選ぶのが戦略で、決められた戦場で「いかに勝つか？」を考えるのが戦術です。

難易度と勝利への寄与度はここで述べている「川上と川下の構図」がそのまま当てはまります。

パチンコで「台を選ぶ」のと「選んだ台でうまく打つ」

戦略と戦術の違いの応用の一つです。「台を選ぶ」のさらに川上に行けば、「店を選ぶ」や「日付を選ぶ」ことにも行けるでしょう。悪い台を選んでしまえば恐らくパチプロでも「良い台を選んだ素人」に負けることもあるのではないでしょうか。

台を選んだりお店を選んだりする方がはるかに情報収集や研究といった形でハイスキルが要求されると思いますが、いざそちらに成功すればあとは「楽をしていても」成功につながることでしょう。

同様のギャンブルでいけば、例えばカジノ等でも「台やマシンを選ぶ」とか、競馬なら「レースを選ぶ」のが川上に相当するでしょう。

「問題発見」と「問題解決」

さらに一般化していけば、「問題発見と問題解決」の関係も全く同じです。広い意味での問題解決には「まずそもそもの問題が何か？」を考える問題発見のフェーズと「決められた問題をいかにうまく効率的に解くか？」の狭義の川下の問題解決のフェーズがあります、これらの関係も一般論としての川上と川下の関係がそのまま当てはまります。

このように、世の中の時間軸で流れていく事象には川上から川下へという流れがあるにもかかわらず、大多数の人が川下側で活動しているために「そもそもの場を作る」という川上側の価値やそれに取り組むための施策に思いを及ぼすことすらなく「ひたすら与えられた場で努力する」ことだけに集中している人が多いのです。「努力が報われる」場だけが良い場ではなく「そもそも努力しなくて良い場を考える」ことも重要であることは把握しておいて損はないでしょう（「楽をするために徹夜で努力する」ことが川上で求められることも上記の通りです）。

問5　ＶＵＣＡの時代に求められるのは？／基礎

次のＱ１～Ｑ６の問題のＡＢの各選択肢は、相対的に「変化があまりないときに重要なもの」と「変化が激しい時に重要なもの」を示しています。これらのうち、「変化が激しい状況で重要なもの」はＡＢのどちらでしょう？

Ｑ１：Ａとにかくやってみる
　　Ｂ周到な準備をする
Ｑ２：Ａ問題発見　Ｂ問題解決
Ｑ３：Ａ連続的な改善活動　Ｂ破壊的イノベーション
Ｑ４：Ａ前例を踏襲する　Ｂゼロベースで考える
Ｑ５：Ａ失敗したら原因分析を徹底し二度と起こらないようにする
　　Ｂある程度の失敗は最初から計画に織り込んで、数多く試みる
Ｑ６：Ａ知識と経験　Ｂ思考力

【解答】

Q1：A
Q2：A
Q3：B
Q4：B
Q5：B
Q6：B

本問も「場合分け」や「前提条件」によって適切な解が変わるために「正解がある」タイプの問題です。

前提条件の典型的な例は置かれた環境です。ビジネスでの意思決定では、顧客や自社の置かれた環境を十分に考慮して、それを前提条件とした場合にベストと思える意思決定を行っていく必要があります。

　ここではビジネスや社会問題、あるいは日常生活を考える上で最も基本的な視点の一つである「環境変化の大きさ」に着目しています。

　現代はＶＵＣＡの時代と呼ばれ、一言で表現すれば変化が激しく「一寸先は闇」という状況です。

　対照的に日本が飛躍的な発展を遂げた20世紀後半はリードする欧米を見習った成長モデルというある程度の成功パターンが存在した時代でした。時代が変わっても変化の前の必勝パターンに固執している人や企業が多いことが日本の成長が一気に止まってしまった原因の一つと言えるでしょう。

　それでは一つ一つの解答を見てみましょう。

　Ｑ１：「周到な準備が成功を生む」というのが、安定期における教訓の一つです。したがって実際に20世紀の職場ではこの法則が職場でも世代間で引き継がれ、いまでも「段取り」つまり、「周到な準備がことの成否を決めるというのが仕事の鉄則である」という考えに固執し続けている人も多いのではないでしょうか。

Q２：これは問９で詳説しているので解説は省略します。本書において問題発見が重要であると強調しているのはこのことによります。

Q３：安定した時代には変化はゆるやかで連続的であるのに対して、変化が激しい時には変化のスピードが速く、不連続になります。

ここで不連続というのは、ある日突然激しい変化がやってくるというよりは、前の時代の成功者が必ずしも次の世代の成功者とはならず、むしろ時代の前後で勝敗が入れ替わるということを意味しています。

Q４：これはQ３の解説から自然と導かれる結論といってよいでしょう。「前例を踏襲する」というのは効率化やリスク管理の観点から合理的であると信じている人や組織も多いですが、それはひとえに「状況による」のです。

Ｑ５：安定期は決定論的な考え方、つまり「成功にも失敗にも必ず原因がある」という発想が重要視されます。

したがって、「失敗には必ず原因があるから徹底的に原因分析をして二度と起こさないようにすべし」という発想になります。

ところが「勝利の方程式」が存在せず、過去の事例も蓄積されていない変化が激しい状況では確率論的な発想、つまりＱ１で述べたような「やってみなければわからない」という発想が求められます。

さいころの目を当てるゲームをやっている時に「3」と予想した人が実際の目は「4」だったからといって「どうして4と予想できなかったんだろう？」と原因を分析したところで意味のある結論が出てくることはないでしょう。

「そんなこと考えているひまに数多くさいころをふる」のが予想通りの目を出すためには最も有効なのです。

Ｑ６：知識とはいわば「過去に起こったことの集大成」です。したがってＱ４でも述べたように時代に変化が少ないときには知識量や経験量に勝る人が圧倒的に有利ですが、変化が激しい時には（もちろん過去に起こったことは参考にするにしても）ゼロベースで未来を考える思考力の方が相対的に重要になるのです。

問６　ＡＩはどっちが得意？／基礎

次の選択肢のうち、一般的に人間に比べてＡＩが相対的に得意であると考えられるのはどちらでしょう？（当面利用可能な「ディープラーニング」を中心とした現在のＡＩ技術を前提とします）

①　Ａ大量のデータや情報が入手可能な問題
　　Ｂデータや情報があまりない問題

②　Ａ決められたルールを忠実に守ればできる問題
　　Ｂ決められたルールを守るだけでは解けない問題

③　Ａ過去に起こったことの知識を必要とする問題
　　Ｂこれまで起こっていなかった不連続な未来を描く問題

④　Ａ明確に定義された問題　Ｂ明確に定義されていない問題

⑤　Ａ定型的、原則的な問題　Ｂ例外的な問題

⑥　Ａ論理的な問題　Ｂ非論理的な問題

【解答例と解説】

すべて「A」です

もちろん領域によってはBが得意なＡＩも存在するでしょうが、あくまでも大多数の一般的な現在のＡＩが得意ということです。それほど難しい問題ではなかったかと思います。

ＡＩやロボットが飛躍的な発展を遂げています。

それによって私たちの生活や仕事が近い将来大きく変わるであろうことは多くの人たちが指摘していることです。仕事に関していえば、いま世の中にある多数の仕事がＡＩやロボットによって自動化されることは既に現在進行形のものもあり、そのことに不安を感じている人も多いでしょう。

本問は、改めてどんな問題がＡＩやロボットに得意なのかを整理することで、どのような仕事が置き換えられやすいのか、そして逆に人間が今後やるべきことは何かを考えるための材料を提供することを目的としています。ある意味それが、現状で良かれと思ってやっていることと、あるいは忌み嫌っていることが現在の技術が向かっている方向性と逆の方向になっていることを共有するためです。

まず①ですが、とにかくネットですべて情報収集するのが得意な人というのは、どう考えてもＡＩにかなわない状況が訪れるということです。もちろん、「そもそも何を検索すればよいのか?」という問題そのものを考えることは人間がやるべきことになりますが、何を調べるのか、何の情報が必要なのかが明確に分かった時点であとは人間の出る幕はなくなっていくはずです。

地球上に大量に配置されたデータ収集用のＩｏＴデバイスから大量に収集された「ビッグデータ」を用いた分析は現在のＡＩが最も得意とする領域です。分析そのものだけなら人間がやるよりもはるかに高速で大量のデータを分析できるＡＩに仕事を任せた方がよりアウトプットが速く出せることは明らかです。

同様に、大量の知識をそのまま使う仕事もＡＩが最も得意とする仕事で人間がやるべき仕事ではなくなるでしょう。現在の大学入試等では思考力重視の方向に変化の兆しが見られるものの、多くは相変わらず大量の知識を詰め込むことが求められています。他の多くの資格試験についても知識詰め込みは重要ですが、これもＡＩに置き換えられる方向であることは間違いないでしょう。

さらには、「ルールを守ること」（あるいは他人に守らせること）というのもＡＩが最も得意とすることですから、多くの職場に存在するひたすらルールや規則を憶えてそれをチェックする仕事というのも、ＡＩをはじめとする機械にやらせるべきものになっていくでしょう。同様の理由で明確に問題が定義されていたり、純粋に論理的に結論が導ける問題も人間よりもコンピュータの方が得意と言えます。

職場でよく「曖昧な問題を丸投げされた」と不平を言っている人がいますが、明確に定義された問題を詳細な説明とともに指示されるのであれば、もはやＡＩにやらせた方がよいのです。

「例の件、いい感じにやっといて」という「適当でいい加減な」指示を聞いて不満に思う人は改めて考え直してみるのが必要になっていくのではないでしょうか。

問7　モノづくりかコトづくりか／基礎

次の2つの選択肢のうち、品質の高い製品を大量生産するのに必要な価値観はどちらでしょう？

①　Aとにかくルールを守ること
　　Bルールを疑ってかかること

②　A多様性の高い人材
　　B均一性の高い人材

③　Aパッケージ化してなるべく設計変更をなくしてコストを下げる
　　B極力個別対応してカスタマイズすることで付加価値を上げる

④　A特定の人材がリードすることでレベルを上げる
　　B平均以下の人材の底上げをすることでレベルを上げる

⑤　A仕事からは極力属人性を排するべきである
　　B属人性があるもののみが人がやるべき仕事である

【解答例と解説】

①：A
②：B
③：A
④：B
⑤：A

「VUCAの時代」で述べたように、デジタル化の進展によって、20世紀の日本の勝ちパターンであった、「品質の高い工業製品を効率的に大量生産する」ために必要だった価値観が崩れつつあります（もちろんモノづくりでも）。

ある意味で以前の勝ちパターンに強かった日本の人材が環境変化によって弱みに変わりつつある場面が見られます。それを改めて認識するのが本問です。

日本のモノづくりを支えた品質管理の「基本中の基本」は「ばらつきをなくす」ことでし

た。様々な品質管理の手法、たとえば実験計画法やシックスシグマのような統計的手法等はいかに製品や製造プロセスを標準化し、「属人性」を排して「誰がやっても同じ結果が出る」ことを目標としていました。シックスシグマという言葉そのものものも標準偏差をいかに減らすかという発想から来ています。

ところがデジタル化されたＶＵＣＡの時代では、「モノづくり」から「コトづくり」に付加価値が移行し、いかにこれまでのしがらみにとらわれずに革新的な製品やサービスを「個客」に合わせて提供するかにビジネスのポイントが移行してきました。そんな時代においても、相変わらずモノづくりに最適化された組織では、まず根本的な価値観が従来型のモノづくりから抜け出せていません。

掛け声だけは「多様性」であるものの、依然として工場にいるのは「日本人男性」が圧倒的多数で、全員が制服を着て集合体操から一日が始まるという風景です。もちろんこれは、品質を確保するという点では極めて理にかなっていて、これこそが「皆で一斉に同じことをやる」ことを得意とする日本の十八番であったわけです。

ただしここでの問題は、もう何十年もこの世界にどっぷりつかっているがゆえに、この世界観や価値観が世界の全てだと思っている経営者や従業員が時代の変化についていけなくなってしまっていることです。

あくまでも過去の成功体験は「どういう状況や目的の下で有効であったのか？」とここでも前提条件とセットで考えるべきで、これは製品・サービスの開発を始め、日々の仕事においても同じように当てはまるのです。

これまでの成功体験を形作ってきたすべての慣習や価値観を疑ってかかり、自己否定できるかがＶＵＣＡの時代で求められることです。「オンライン化」や「テレワークの導入」においてこのような姿勢が試されています。皆さんはどこまでこれまでの価値観を否定することができるでしょうか？

問8 「ないものから」の発想／応用

次の2つについて考えてみてください。

(1) 20年後になくなっていると思える仕事を挙げてください。
(2) 20年後に新しく生まれていると思える仕事を挙げてください。

(1)と(2)、どちらが難しかったでしょうか？　そしてその理由は何だと思いますか？

【解答】

恐らく多くの読者は(1)の「20年後になくなっている仕事」の方が考えるのが簡単だったのではないかと思います。それはなぜでしょうか？　ここ数年「ＡＩに置き換えられる仕事」といったネット記事等が出回っていたために、その記事を思い出した人もいるでしょう。あるいは近年のテクノロジーの進化による自動化等によって置き換えられる可能性のある仕事、例えばタクシー運転手といった仕事を挙げた人もいるかもしれません。

逆に新しく生まれる仕事も20年もすれば多数あるであろうことは、20年前を振り返ってみれば容易に予想できます。例えばユーチューバーやブロガーといったインターネットに依存する仕事は当時はほとんど存在しませんでしたが、いまでは珍しくない仕事になっています。

しかしながら、過去を振り返れば簡単な「20年で新しく生まれた仕事」もこれからの未来を考えると簡単には出てこないし、先の記事とは逆の「20年後に新しく生まれる仕事」というのはなくなる仕事に比べるとはるかに数が少なくなるでしょう。

こう考えてくれれば、なぜ(1)よりも(2)の方が考えるのが圧倒的に難しいかは想像がつくでしょう。要は「なくなる仕事」というのは言い換えれば「今ある仕事」であるのに対して「新しく生まれる仕事」というのは「今はまだない仕事」なのです。

図3　「あるもの」から／「ないもの」からの発想は非対象

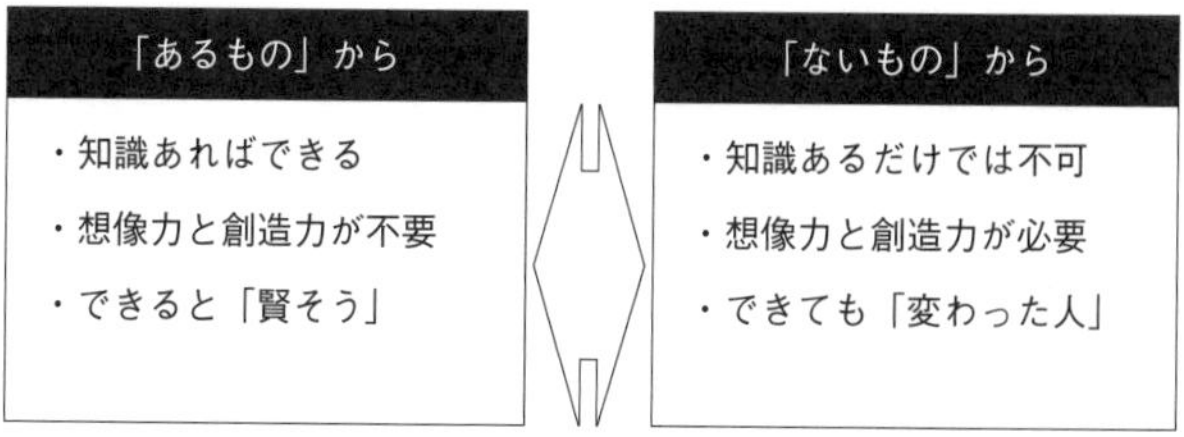

「あるもの」から	「ないもの」から
・知識あればできる	・知識あるだけでは不可
・想像力と創造力が不要	・想像力と創造力が必要
・できると「賢そう」	・できても「変わった人」

一般論として「いまあるもの」という具体的に見えるものから発想する方が「いまないもの」から発想するよりも簡単であることは説明の必要はないと思います。「いまあるもの」を考えるのに必要なのは知識や情報ですが、「いまないもの」を考えるのに必要なのは想像力や創造力ということになります。「いまあるもの」から発想するのは多くのネット記事や書籍を吸収すればほぼ誰にでもできるようになりますが、想像や創造というのは必ずしも誰にもできることではありません。

このような「あるもの」からの発想と「ないもの」からの発想は対極的で対称なものと考えられがちですが、これらは図3のように実は非対称な関係になっています。

先述の通り、「あるもの」から語るのに必要なのは知識であるのに対して、「ないもの」から語るのは知識に加えて想像力と創造力が必要になります。そういう理由からか、あるものから語っている人の方が賢そうに見えます。それは、実際の裏付

図4　「ないもの」からの発想は能動的

「あるもの」から	「ないもの」から
・過去を語る	・未来を語る
・他人の言動を批判する	・何もないところから語る
・他人へのコメント	・自分から発信
・コストダウンの施策を考える	・新たな収益源を考える
・受動的	・能動的
・大失敗のリスクなし	・大失敗のリスクあり

けられた知識とセットであるために（実は当たり前にもかかわらず）説得力が増すからです。

対して「ないもの」からの発想は、必ずしも正解もなく、単なる妄想とも受け取られるために、できたとしても少し変わった人だと思われるのがおちです。

ここから発展して考えられることがあります。

このような「あるもの」からの発想と「ないもの」からの発想との関係は他にも見られます。例えば、

・（SNS等で）「他人の投稿にコメントする」のと「何もないところに自ら投稿する」
・「過去を語る」ことと「未来を語る」こと

賢そうにふるまうには（既に確定して正解がある知識をベー

スにした）「過去を語る」ことがベターです。「未来を語る」人は一見根拠のないことを語っている妄想家に見えますが、結果として世の中を変えるのは実はこちらの人たちです。

「コストダウンの施策を考える」のと「新たな収益源を考える」

コストダウンというのは基本的に「いまあるものを減らす」ことが多いので、アイデアがなくなってくる集団ほどコストダウンの施策の方に勢いが出てきます。新たな収益源を考えるのは想像力や創造力、それにリスクテイクの姿勢が求められるのです。

「ボケ」と「突っ込み」

ボケは何もないところ（あるいは予想外の方向性）に向かってボケる必要があります。（「予定調和」ではボケになりませんので）対して突っ込みは「あるもの」に対して突っ込みます。発散と収束の関係といってもよいでしょう。

これは自らリスクを取って行動することと、行動している他人についてあれこれ論評することも含まれます。実は前者の方が圧倒的なリスクを負っているにもかかわらず、「後出しじゃんけんで賢そうにふるまう」人たちには、このような2者の非対称な関係性が理解されていないことが多いように見えます。

実は最終的にことを成し遂げる人というのは「賢そうな評論家」ではなく「無様なプレイヤー」であることが多いのです。

本書のテーマである思考力というのは、「一見賢そうに見えない」ものからの発想が必須です。皆さんが「他人より賢そうに見せたい」のであれば、常に他人の動きを見てから「後出しじゃんけん」で自分の得意分野にしぼって相手の弱点を突けばよいのです。そうすれば必ず勝てる戦いに持ち込むことができます。ただしそれはあくまでも「後出しじゃんけん」で、その勝負に勝ったところで、本当に最後に大喝采を受ける可能性があるのは、リスクを負って恥をかいた「賢くない人」であることが多いことは決して忘れてはいけません。

問9　問題発見か問題解決か／基礎

先に述べたように、ＶＵＣＡの時代には問題解決よりも問題発見の方が重要な場面が増えてきています。具体的にこれらの違いを考えてみるために、釣りや漁をする場面を想定してみましょう。実際にはこれらを一度もやったことがない読者も多いでしょうが、少し考えてみればわかるはずですので、各々の場面で「獲物が十分にいる場合（待っていれば魚が次々に捕れる）」「獲物がほとんどいない場合（ただ待っているだけでは魚が捕れない）」のどちらにより必要な姿勢かを考えてみてください。

①　Ａ腰を落ち着けてどっしりと機会をつかむ　Ｂあちこち動き回って機会を探す

②　Ａムダを覚悟で試行錯誤して漁場を探す
　　Ｂ道具やスキルを磨いて無駄なく効率的に魚を捕る

③　Ａ運よりも圧倒的に実力がものを言い、結果を出せる人はいつも出せる
　　Ｂ実力に加えて運の要素も大きく、ある程度やってみないと結果が読めない

【解答例と解説】

魚が十分にいる場合：　①：Ａ　②：Ｂ　③：Ａ

魚がほとんどいない場合：　①：Ｂ　②：Ａ　③：Ｂ

この程度であれば、実際の経験がなくても容易に想像できるのではないかと思います。

魚が十分にいる状況であれば、少し調子が悪いからといって次から次へと場所を変えるのはあまり得策とは言えないでしょう。それなりに魚がいる状態であれば場所の当たりはずれは相対的に少ないでしょうから「捕れないのは場所のせい」というよりはじっくりと一か所に腰を据えて、そこで最高の道具をそろえて、名人の真似をしたうまいやり方で効率的に獲物を狙うことが一日の漁獲量を最大にできることでしょう。また、場所を変えることで様々な段取りをいちいちやり直すことも効率には悪影響を与えます。このような場合、道具をそろえて高い技術を持ったプロフェッショナルは常に結果を出せることも想像に難くありません。つまり「必然」がものを言う状況なのです。

対して、ほとんど獲物がいない場合には、「まずは良い場所を選ぶ」ことがより重要になります。この場合、先の「十分に獲物がいる状態」とは違って、場所による当たりはずれが大きくなる可能性が相対的に高くなることが予想されます。

そのような状況下では、「様々な場所で試してみる」ことの重要性が上がります。ただしこの場合には数々の試行錯誤、言いかえれば多数の失敗も覚悟しておく必要があります。とにかく数を撃つことや、次々と場所を変えることも必要になるでしょう。つまりこのような状況下では、結果を出すにはある程度は運も味方につける必要もあるということです。

先のＶＵＣＡの話のときに変化が激しく先が読めない時代には問題解決よりも問題発見の重要性が相対的に大きくなるという話をしましたが、ＶＵＣＡの時代というのは、本問における「魚が十分にいない」あるいは「最適漁場が日々刻々と変化していく」状態です。そう考えてくれれば本問との関連から問題発見、つまり、まずは獲物そのものがどこにいるのかを探り当てることが重要で、そこには試行錯誤や運の要素が重要になることがおわかりでしょう。

このような対照的な構図は、釣りや漁だけではなく他でも様々な領域で当てはまります。例えば旧来日本には転職はあまり望ましいものではないという価値観がありました。近年急速に変わってきているものの、年代が上の世代にはいまだに根強く残っている価値観です。これも「構図は釣りと同じ」であることがおわかりでしょうか？

それなりに恒常的に同じような仕事が存在する労働市場下においては、「釣れないのを場所のせいにして」次々と場所を変えるのは好ましくない（うまくいかないのを会社のせいにして転職するのと同じ）というのは極めて理にかなった考え方と言えますが、労働市場や必要なスキルが変化し、必要な人材像も変化していく状況下では職探しにおいても「試行錯誤してみる」ことだって意味がある可能性もあるということです。

このような構図がＶＵＣＡの時代には様々な状況下で起きるために、これまでの問題解決型の価値観一辺倒から問題発見型の価値観も見直してみることが重要になります。

英語のことわざの“A rolling stone gathers no moss”（転がる石に苔むさず）という言葉にはポジティブとネガティブの2通りの解釈があると言われますが、これがまさに「状況によってプラスにもマイナスにもなる」ということです。

「物事には正解も不正解もなく、あるのは状況への適応性だけである」ことは本例からもおわかりいただけるでしょうか。

第2章 思考の基本

問10 質問でわかる思考停止／応用

ある人が普段どこまで考えているか、思考停止の状態なのかはその人の質問の仕方を見ればわかります。

次の質問はどちらが思考停止している人の質問でしょう？

①の質問

A「おすすめの本は何ですか？」

B「最近読んで面白かった本は何ですか？」

②の質問

A「新発売のiPhone〇〇に買い替えた方が良いですか？」

B「新発売のiPhone〇〇に買い替えましたか？」

③の質問

A「M社って良い会社ですか？」

B「M社ってどんな会社だと思いますか？」

④の質問

A「原発って安全なんですか？」

B「原発にはどんなリスクがあるんですか？」

⑤の質問

A「どんな製品が欲しいですか？」

B「いまどんなことに困っていますか？」

【解答と解説】

はじめにお断りしておきますが、本書の他の問題と同様、本問は「どちらが正解か？」を聞いているわけではなく、「どちらが思考停止の質問か」であることにご注意ください。

これらの質問はどちらが絶対的に正しいとか間違っているとかではなく、あくまでも「考えている人」と「考えていない人」を見分けるためのものです。

AとBのどちらが思考停止か？　改めて聞かれれば、どちらかは比較的簡単だったでしょう。すべてAが思考停止している人の質問で、逆にBは自分の頭で考えている人の質問です。改めて聞かれれば容易に見分けられると思いますが、日常生活ではこのような思考停止の質問を連発している人は多いのではないかと思います。ここでは一つ一つ「なぜ」その質問が思考停止なのかを考えていくことにしましょう。

①の質問

(A)「おすすめの本は何ですか？」

(B)「最近読んで面白かった本は何ですか？」

Ａの選択肢は「はじめに」でも言及しました。文字通り、教えてくれればそれを買います（借ります）というスタンスで、ここに思考の入る余地はありません。いわゆる「指示待ち族」的な思考回路で、「教えてください症候群」とでも言いましょうか。「おすすめの株を教えてください」「おすすめの就職先を教えてください」と、挙げていけばいくらでも挙がると思います。

恐らく聞かれた人が思考型の人であれば、少なくとも心の中ではこう思っているはずです。「そんなこと個人の好みとか状況によって違うんだから知らないよ。自分で考えれば」と。

対してＢはあくまでも質問対象の相手がどう思っているのかを聞いているだけです。そこから自分はどうするかというアクションに落とすところに、自ら考える余地があるわけです。

したがって、Ｂのタイプの質問をする人は相手の答えに対して間髪入れずにこう聞くはずです。「なんでその本が面白いと思ったのですか？」と。

つまり質問のタイプがＷＨＡＴからＷＨＹに変化していくのです。これはまさに本書で言っている具体から抽象への転換であり、思考回路が起動する瞬間と言えます。

ＷＨＡＴは「そのまま」実行するしかないですが、ＷＨＹはその情報を元に「自分ならどうする？」と考えざるを得ません。それがＷＨＡＴとＷＨＹの決定的な違いです。

②の質問

(A)「新発売のiPhone○○に買い替えた方がよいですか？」

(B)「新発売のiPhone○○に買い替えましたか？」

①に続いてAの答えは「私はどうすればよいんでしょう？」型の質問です。このような行動パターンを仕事でしている人は要注意です。そこまで手とり足取り何をやればよいか教わらないと動けない人は、早晩ＡＩやロボットにその仕事を置き換えられてしまうからです。

ＡＩやロボットは「わけのわからない曖昧な指示」を苦手としています。だから「うちの上司、いつも指示が曖昧で困っているんだよね」という不満を普段漏らしている人も同様だということです。曖昧な指示でも動けるからこそ人間の価値があるのです。

Bは①に続いて「相手がどうするか？」から「では自分はどっちがよいだろう」という考察をしてみようという姿勢です。相手と自分との性格や好みの違い、あるいは置かれた状況の違いからそれらの「行間を埋める」ことが考えることの一つの側面と言えます。

③の質問

(A)「M社って良い会社ですか?」
(B)「M社ってどんな会社だと思いますか?」

①②の解説から、これもどちらが思考停止かは自明でしょう。

世の中の問題にはすべて正解があると思い込んでいる人がこのような質問をします。「良いか悪いか」なんていうのは所詮状況次第、つまり人によって変わるということを理解していないとAのような質問になります。それでもネットにはこのような質問があふれているところを見ると、いかに世の問題に必ず正解があると思っている人が多いかがわかるのではないでしょうか。

本書のテーマである思考力の大前提にあるのは、「正解なんてものはほとんどの状況においてないし、逆に不正解もない」という価値観で行動することなのです。

④の質問

(A)「原発って安全なんですか?」
(B)「原発にはどんなリスクがあるんですか?」

③の問題の応用です。

図5　思考停止している人は二元論で捉える

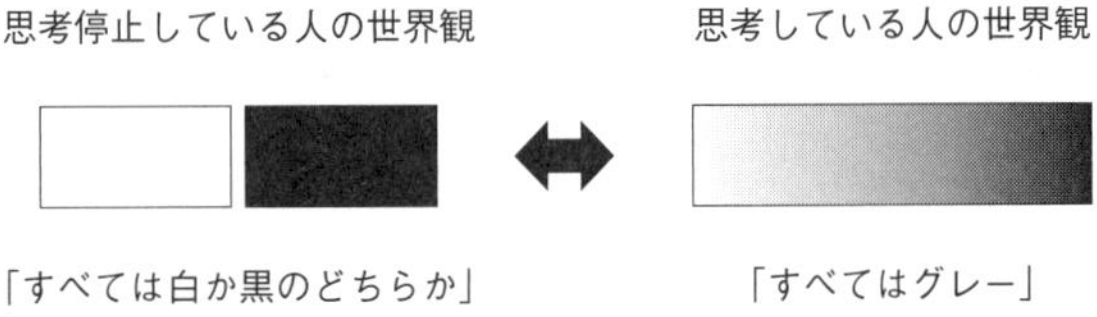

ここでは「正解があるかないか」ではなく、世の問題がすべて「白か黒か」「YESかNOか」という二分法で判断できるという価値観の人がAのような質問をするということです。思考力のためには、「白か黒か？」という質問を聞いた時にも「すべては灰色なので白に近い灰色なのか黒に近い灰色なのか？」を図5のように考えられるかが重要になります。

このような考え方の対立は選挙の時にもよく見られます。政治家は自分の政策をシンプルに伝えるために、「白か黒か」という発信方法を取ることがあります。（「〇〇はすぐ廃止すべきだ」といったような主張です）。

これは、大多数の国民が「すべてはグレーである」などといっても「結局白なの？　黒なの？」といった「1つの正解」を求めるために、立候補者自身も「世の中そんなに簡単に割り切れるものではない」と十分理解しつつも「白か黒か」という思考停止型のメッセージを出すことによって大多数にわかりやすくすることで、多数の票を集めるという方向に行かざるを得ないのです。

本問の選択肢にもどると、原発にしろ何にしろ「１００％安全なもの」も「１００％危険なもの」も世の中には存在しません。そんなことをわかっていながら多くの人は「〇〇のリスクが××％ある」などという説明は「難しくてわからない」と言って、Ａの質問のような二者択一を迫ってくるために「安全である」という説明をせざるを得ず、何かあった時に「安全と言ったじゃないか」という大多数の人々からの批判にさらされるというわけです。

⑤の質問

(A)「どんな製品が欲しいですか？」

(B)「いまどんなことに困っていますか？」

ビジネスの現場、特に製品やサービスの開発でよく見られる質問です。

Ａのように顧客の要望を聞いて、それを「そのまま」製品に反映しようという姿勢が思考停止で、逆にＢの質問は「製品」という具体レベルではなく、顧客のニーズという抽象レベルを見ることで、そこから顧客の気づかない製品仕様を自ら考え出そうという意識を持った人がする質問と言えます。

この辺りは本書のＷＨＹ型思考を見てもらえればさらに理解が深まると思います。

また、どんな場合には思考することが求められるのか、逆にどんな場合であれば思考停止の方がむしろ適当なのかは問題3を参照ください。

問11　物差し／応用

（この問題は、周りの何人かの人にも協力してもらう必要があります）

あなたはあるものを販売する会社の社員で、目の前に積みあがった商品（ノート、ミネラルウォーター、メロン、ＰＣ等なんでもわかりやすいものを思い浮かべて下さい）を１週間以内に売りさばく必要があるとします。

① 考えうる方法を５つ以上挙げてみてください。

② 自分が終わったら同じ問題を周りの何人かの人に聞いてみてください。５つ以上出してもらったらそれらを眺めて何か言えることがないか考えてみてください。

【解答】

そもそも5つ以上挙げるのはなかなか難しいという人も多かったのではないでしょうか？でもいろいろと考えれば様々な方策があり得たかもしれません。特に小売り関連の仕事をしている方であれば、固有の知識からさらにもう少し施策をひねり出せたことでしょう。

例えば、

・いままで買ってくれた顧客のリストを基に再度連絡してみる
・同じ商品を扱っていそうな親戚や知り合いの業者に連絡する
・SNSを使って個人的に広告する
・さらにそれを拡散してもらうよう知り合いに依頼する
・自分で買い取れるだけ買い取る
・併せて買ってくれそうな個人的な知り合いにかたっぱしから連絡する
・借金して全量買い取る

等といったことが考えられたことでしょう。

そこで2番目の問題と関連させますが、先の例には恐らくほとんどすべての人が挙げる施策が抜けています。それは「値下げをする」というものです。

ものをたくさん売ろうと思うときに誰でも思いつくのが、この「値下げをする」という施策です。他のアイデアは「人によって出たり出なかったり」のものが多いと予想される中で、恐らくこの値下げというオプションは、ほとんどの人がただちに考えるオプションと言えるでしょう。

要はものを売るうえで、「値下げをする」というのは頭を使って考えなくても「誰でも思いつく」安直この上ない選択肢だということです。ですから、営業担当やマーケティング担当から「値下げ」のオプションが提示されたとすれば、それは考えに考え抜いた他の案がすべてうまくいかないか、あるいはそもそも何も考えていないかのどちらかということになるでしょう。

また営業とは逆の立場の調達担当も同様です。「サプライヤに値下げさせる」というのは誰にでも思いつく選択肢と言えます。また、およそビジネスに関わる人であれば、多かれ少なかれ値段を決めたり交渉したりする場面に遭遇することでしょう。こんな場合にモノを売ったり買ったりするときの値下げというオプションに「安直に」飛びつくことが思考停止を

図6　様々な人たちの思考が重なる部分

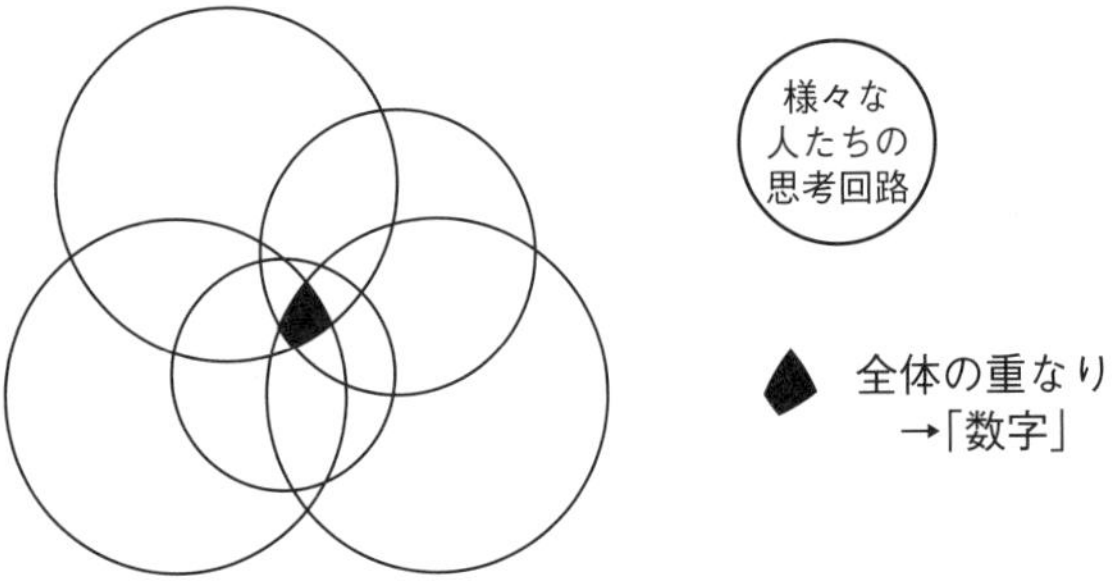

意味することは、前述の説明からわかってもらえたかと思います。

さらに同様な問題として、「どうしてもある人を採用したい時にその人をどうやって説得するか？」という問いへの最も安直な「誰でもすぐに考えつく」選択肢は「高給を提示する」ことです。

これらの問題の共通点がおわかりでしょうか？

いずれも「数字」とりわけ「金額」の話は、様々な背景や思考回路が異なる人の間の全体の重なり部分に相当し、誰でも理解できるし話題にできる対象であるということです（図6参照）。

このことはビジネスにおける数字の意味合いとして

２つのことを示唆しています。１つ目は、先に述べたようにこれは「誰でも思いつく」がゆえにアイデアとしては最も貧困なものとならざるを得ないことです。

そしてもう1つは、むしろそういう側面を逆手に取って、組織の管理をするときに用いることです。つまり、数字は「誰でも理解できるよりどころ」とすることができるために、万人を同じ土俵で管理するための共通指標とすることができることです。

営業における売上や調達における調達金額、あるいは顧客満足度の得点等、会社には様々な数字の指標が存在します。これらは管理に便利という側面がある半面、これらに安易に頼りすぎることは社員の思考停止を招くことも頭に入れておくことが必要でしょう。

この問題からは、本書のもう一つの隠れたメッセージが出てきます。世の中には「考えている人」と「考えていない人」がいることを理解すること、そして自分自身は「考える人」になりたい人が本書のターゲット読者なのです。

であるがゆえに「世の中の大半の人は考えていない」ことも反面で理解しつつ、多くの人に発信したりコミュニケーションする場合には相手が「考えていない」ことを想定しておくことの方が重要だということです。

自分が「考えている人」だったとしても、その発想を他人に強制するほど無益なことはないというのが本書の大前提です。

「正解がない」ことを他人に押し付けている時点で既に自己矛盾が生じていることにお気づきでしょうか。

問12　無知の知とは？／基礎

グローバル化がますます進展する世界になり、私たちの身の回りに外国人の方を見かけたり直接接したりする機会も増えてきました。

このような時代には私たちの考え方も変えていく必要があります。このような時代に皆さんであれば①②のいずれがより重要だと思いますか？

①・「以心伝心」は日本人の間では美徳だが、日本人以外の人とのコミュニケーションではしっかりと自己主張することが重要なので、時にはＮｏとはっきりと言ったり、海外のコミュニケーションスタイルをしっかりと習得する

・海外の人と話すには教養が重要なのでクラシック音楽やシェークスピア等の古典を学ぶ

②・礼儀正しく列を作って並ばない」とか「時間にルーズだ」といったことが身の回りであっても、腹を立てずに「それが当たり前かもしれない」と自分の認識を変える

・日本人なら「小学生でも知っている常識」を知らない人がいたら、もしかすると自分も相手の国に行ったら同じことかもしれないと考える

【解答例と解説】

もちろんこれらの2つは異文化体験が多くなっていく時代には両方とも重要ですが、これら2つの改善策には根本的なスタンスの違いがあります。

一言で表現すれば、①の選択肢は「西洋文化を学ぶ」ことであり、②は異文化への許容度を上げるということです。

これらのスタンスの違いを比較で見てみましょう。

まず、グローバル化に際してよく語られる一つの側面として、選択肢にあるような欧米を中心とする西洋文化があたかも正しいものであり、極東の島国である日本は「国際社会に合わせる」必要があるために、西洋文化をひたすら勉強して「恥ずかしくないような（つまり欧米人に笑われない）」ふるまいをしようという前提がよく置かれます。

対して選択肢②は「すべての文化は対等である」という前提です。よく言われる「そばを音を立てて食べるのは日本人以外には不快に聞こえることが多い」ことに対しても、もちろんそれを不快だと思う人がいるのであれば注意することは重要ですが、それはあくまでも

「相手が不快であるかどうか」が問題なのだと考えるのが②のスタンスであるのに対し、「そんなことをするのは日本だけだからおかしいので国際社会の場ではやめるべき」という理由を持ち出すのが①のスタンスです。

解説の冒頭に述べたように、これらは両方において努力することは必要ですが、本書で挙げている「無知の知」に立脚した考え方は②の考え方です。とかくグローバル化では①に重点が置かれることも多いですが、それだけでは大きく2つの問題点があると考えられます。

1つ目は、相手の文化を学ぶことで異文化ギャップを埋めるには、底なしで相手の文化を学び続ける必要があるからです。教養というのはどこまでなのか、西洋文化の古典をすべて読み、音楽や芸術をすべて理解することなど、所詮普通の人には不可能です。

おまけに2つ目の問題はグローバル環境下で多様性を重視するとなれば、世界中のありとあらゆる文化に通じる必要が出てきて、所詮対応不可能という結論になるのは目に見えています。

グローバル化につきものの英語の習得にしても、①的発想は「ネイティブ並み」の100点でなければ意味がなく、「日本人英語は恥ずかしい」というスタンスになりますが、②のスタンスに立てば、所詮ネイティブ英語は少数派で大多数の人は「ブロークンイングリッシュ」であり、「固有のなまりや用法がある」のが世界標準語としてふさわしいという結論に達するでしょう。

このように全くスタンスを変えてしまって、「日本と欧米」という極めて狭い視野で考えるのではなく、まさにグローバルの地球規模で宇宙空間から地球を眺めてみれば、すべての文化は平等だしすべてに多様性を認めるのであれば、結局行きつく結論は「所詮自分にとって知らないことだらけなのだから、理解できないものにも理解を示す姿勢を見せる」という思考回路の転換をするのが一番早く有効であることがわかります。

無知の知とは、「知らないことが恥である」のではなく、勝手に一部の人が引いた領域の中だけで知っているとか知らないとかで優劣を決めずに、もっと広い視野で「知らない方が圧倒的に多いので、所詮すべて知ることなど不可能だから自分の無知さを自覚して行動する」ことを意味するのです。

問13　これは論理的？／基礎

次の①～③の文は論理的と言えるでしょうか？
そうでないとすれば、なぜ論理的でないと思うのでしょうか？

①今日オリンピックが終わったから明日は晴れだろう
②今日オリンピックが終わったから今日はカレーを食べよう
③今日オリンピックが終わったから明日から選手の帰国ラッシュが始まるだろう

【解答】

①②③とも、「AだからBだ」という形を取っていますが、これらの文が論理的かどうかはどのようにして分かれるのでしょうか？（ここでは厳密な論理性というよりもビジネスや日常生活で一般的に用いられる論理的か否かについて論じることにします）

①論理的でない

この文を聞いて違和感を覚えない人はいないでしょう。どう考えてもAとBに何の脈絡もないからです。この「脈絡がない」という状態は、要はAとBとの間につながりがないことを意味しています。まずこの「つながりの有無」が論理性を分ける最も重要な要素です。

②論理的でない

こちらも①同様、「何の脈絡もない」文なのですが、①との違いは下手をするとこのような発言は誰もがしてしまっている可能性があるということです。①と違うのはBの部分ですが、②においては個人的な事情を指しているために「もしかするとこの話し手にとってみると話がつながっているのかもしれない」と思えることです。

概ね論理的でないと周りから思われる人は、このレベルの発言をしてしまっていることが多いのです。

本人としては、

オリンピックが終わった

↓観戦でネットにかじりつかなくてよくなる

↓食事を自分で用意できる時間ができた

↓自分に料理できるのはカレーだけだから久々に自分で作ろう

という「ロジック」で②のような発言をしたのかもしれません。

要は、②の文というのは、話し手当人の中では話がつながっているように思っているのに、周りの人にはそれが伝わっていないことが問題です。これがよくある「論理的でない」説明の典型例です。

つまり、①の「つながっていない」のは②にあるように「誰が聞いても」という条件があるのです。これらから論理的であるとは「誰が聞いても話がつながっている」ことなのです。

その観点で③を見てみましょう。

③論理的である

これはほぼ誰が聞いても話がつながっているというレベルと言ってよいでしょう。このように②と③の違い、つまり「誰が聞いても」という要素が論理的と非論理的を分けることになります。このような観点でぜひ皆さんの日々の発言や資料等を見直してみてください。ただしこれも自分だけで確認するのは「誰が聞いても」という観点からは好ましくありません。自分で客観視するのは難しいので、そのようなことが得意でない人は、なるべく多くの他人にチェックしてもらうことが論理性の確保には不可欠と言えるでしょう。

ここで「誰が聞いても」がカッコつきであることにご注意ください。要は、この「誰が聞いても」という定義自体も「誰が聞いても」同じものだとは限らないということです。日常的にそれほど厳密な定義は必要にならないと思いますが、簡単な判断基準として「9割程度の人が無条件に理解できる」こととしておきましょう。

問14　**抽象化とは？／応用**

下の枠の中には何種類の図形があるでしょう？
そしてそれはどのような種類でしょうか？

図7　色々な図形

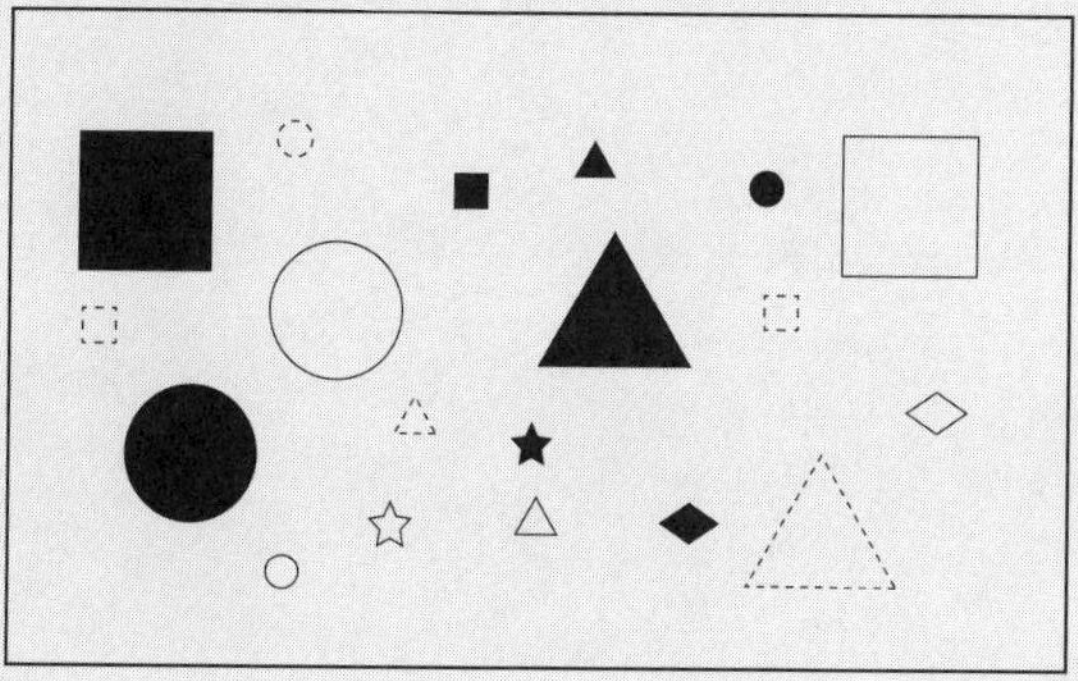

【解答】

「分類の仕方で何種類とも言える」。

ここからしばらく「抽象」や「抽象化」についての問題が続きます。思考のためのキーワードとして重要なものなので、これらの問題を通してその概念のイメージを共有できればと思います。

最初は「抽象化」の例を紹介し、その後基本にもどってその対立概念としての具体と比較した「抽象」の特徴を明らかにしていきます。

少し前置きが長くなりましたが、本問の解説に行きましょう。

最もオーソドックスな分け方として、円、三角形、正方形、ひし形、星形の5種類という分類方法が考えられます。あるいは黒塗りと白塗りという「塗り方」で判断すれば2通り、大きさという観点では例えば最長部分が（本紙のページ上で）5㎜以上と5㎜未満の2通りという、同じ2通りでも2つの定義も考えられます。

また、外形が線で構成される図形については、縁が実線か点線かという区別もすることが

図8　図形の分類パターンはたくさん考えられる

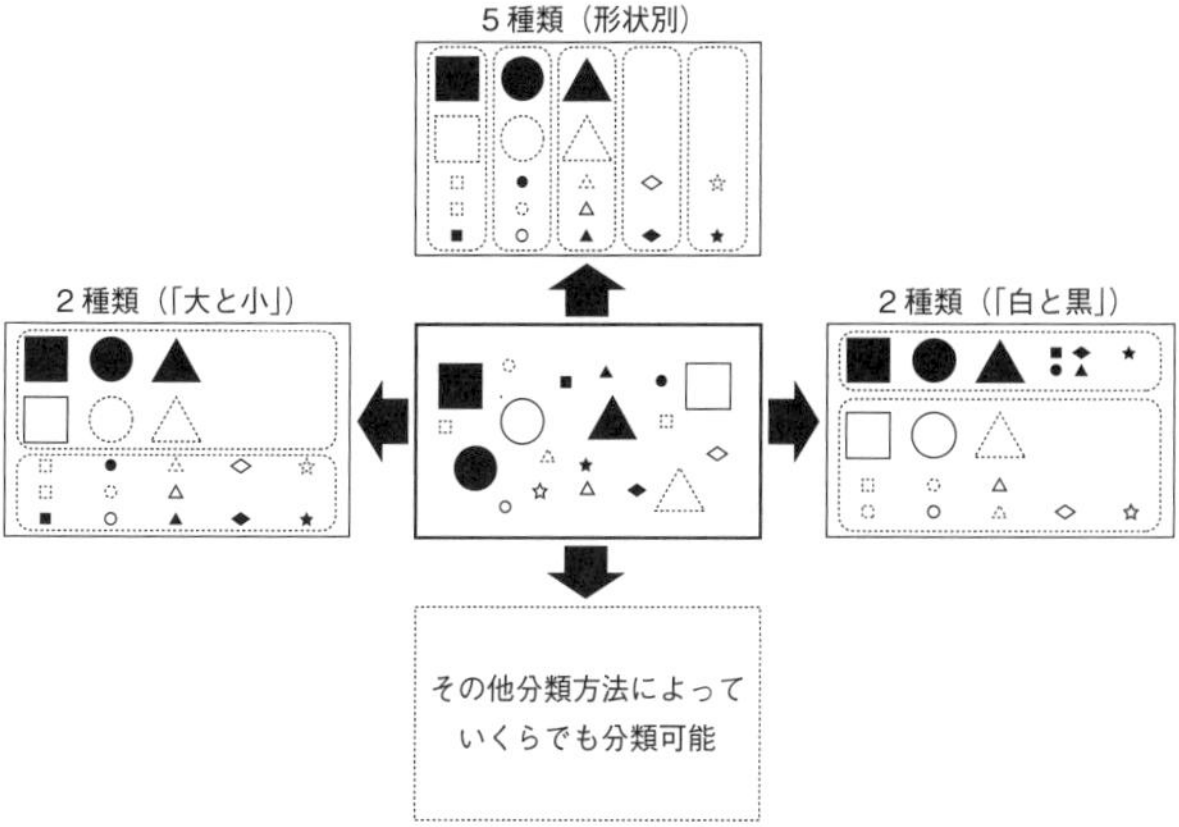

できます。さらに極論を加えればここにあるのは「地球上にある紙の上に描かれた図形」と定義すれば1通りと言うことだって極論可能です（図8参照）。

　このように、この問題は個人による分類のとらえ方によって何種類もの分類とその切り口が存在します。「こんな問題インチキだ」と思った人もいるかもしれません。ろくに定義もしないで解釈のしようによっていかようにも解答が変わるというのは、定義が明確で答えが一つという大学受験や資格試験のようなものに慣れてしまった人たちからは許せないことでしょう。

　ところが実は私たちが日々用いている言葉

はすべてこのように「定義によっていかようにも線引きができる」ものなのです。それは、言葉が抽象化によって成り立っており、その抽象化はまさにこの問題のように、複数の事象を抽象化してどこかで「線引き」をしたものだからです。

思考することの基本概念としてとらえることができる「抽象化」の正体とは、このようなものです。時と場合によっていかようにも線引きができるにもかかわらず、私たちはいちいちこのような定義を確認しないままに議論を進めてしまうという致命的な欠陥を抱えながら日々のコミュニケーションをしているのです。

このように抽象化とは、複数の言葉や事象を共通点でくくることによって分類し、抽象概念として扱うことを意味しています。抽象化によって同種のものをまとめて扱うことによっていちいち個別事象を別々に扱うのではなく効率的に物事を進めることができるようになった一方で、人による解釈の違いという宿命的な人間同士のトラブルの根本原因も抱え込むようになったのです。

問15　同じ？違う？／応用

次の8つの左右の絵の組み合わせはお互いに「同じ」か「違う」か答えてください。

【解答】

①「同じ」とも「違う」とも言える
②「同じ」とも「違う」とも言える
③「同じ」とも「違う」とも言える
④「同じ」とも「違う」とも言える
⑤「同じ」とも「違う」とも言える
⑥「同じ」とも「違う」とも言える
⑦「同じ」とも「違う」とも言える
⑧「同じ」とも「違う」とも言える

前問に続いて「なんだ、詐欺みたいな問題じゃないか」と思った人もいるかもしれません。

繰り返しますが、世の中のほとんどの問題には正解はありません。前提条件や定義によるというのが大抵の場合なのに、「正解がある」という前提で世界を見るので他の人と意見が対立したときには「自分は正しくて相手は間違っている。だから徹底的に相手を論破してや

図9　抽象化すれば共通点を見つけられる

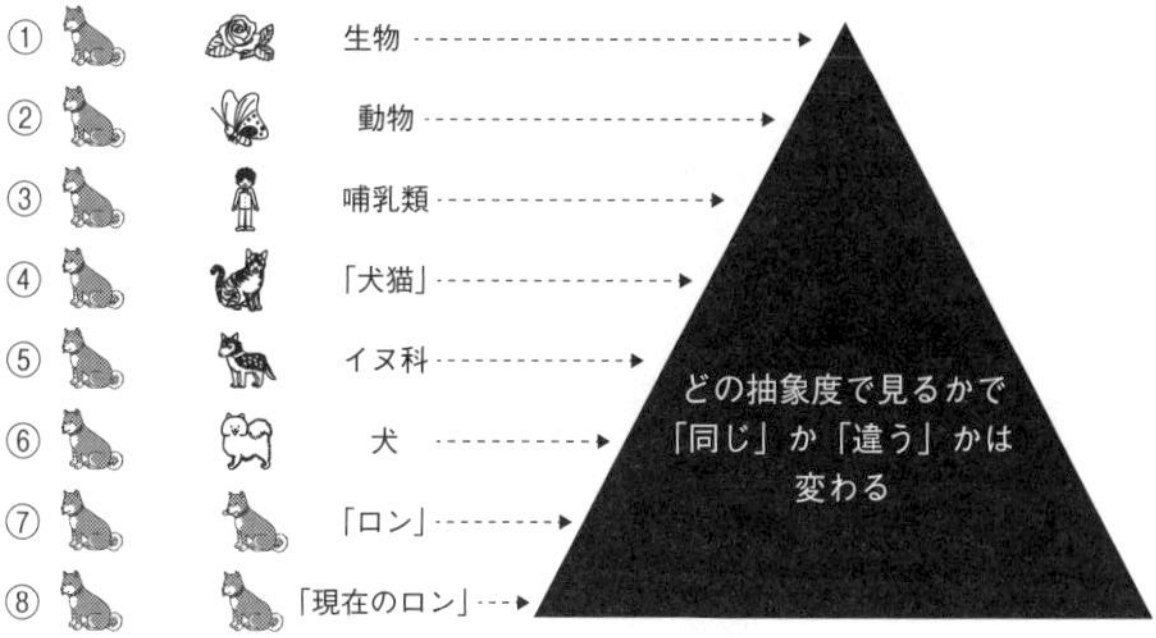

ろう」という気持ちになるのです。

ではなぜ他人と意見が対立するのでしょうか？

その質問への答えの1つの側面がこの出題に込められています。

図9を見ながら解説を進めることにしましょう。

まず①です。普通この2つが同じか？　と言われて同じだと答える人はいないでしょう。何しろ犬と花ですから、通常これらは「全くの別物」と言われることが多いと思います。

恐らく犬と花が同じだと主張する人がいたら「ちょっとあの人おかしいんじゃないか？」と噂されることは間違いないでしょう。

では②③の「犬と蝶」「犬と人間」も恐らく①と同様と考える人が多いのではないかと思います。

ところが④あたりからその違いが怪しくなってきます。「犬と猫」になればまだ大半は「違う」派になりそうなものの、「どちらも同じ愛玩動物だ」「『犬猫』という言葉で一くくりにすることも多いからある意味で同じとも言えるのではないか」といった形で「同じ」派も増えてくるかもしれません。

さらに⑤⑥の「犬と狼」「犬種の違う犬」となってくれば、「同じ」派が「違う」派を上回ってくるのではないでしょうか？

さらに⑦は同じ犬の違う場面をとらえた状態であり（犬の名前は「ロン」としておきましょう）同じロンなので、ほとんどの人にとっては同じになりますが、例えばロンの飼い主からすればこれらは全く違うととらえるかも知れません。

最後の⑧です。「これでも違うと言う人がいるのか?」と思う読者もいるかもしれませんが、例えばこの2つをこの本に掲載された2つのクリップアートだととらえてみましょう。この本の作成過程において、例えばこれらの図のどちらかの位置を修正するとなったときには「右の絵」なのか「左の絵」なのかは大問題です。つまり右の絵と左の絵は「違う」ものになるのです。

これを「具体と抽象」のピラミッドに対応させたものが図9の右側です。

要は抽象度を上げた視点を持てば持つほど、世の中の事象は同じに見えてくることになり、具体的に事象を観察すれば、すべてのものは違うものになってくるということです。

これが人と人との間で意見が対立する原因の多くを占めるもののメカニズムの正体です。

つまり、他人と意見が衝突しているときには「対象をどの抽象度で見ているのか」をお互いに確認する必要があるのです。

例えば「ワクチン接種における優先順位付け問題は教育現場へのタブレット配布の優先順

位付けの問題と同じである」という意見を言ったとしましょう。これに対して猛然と「医療の話を教育と一緒にするな！」と反論してくる人がいるのではないかと思いますが、これはこの問題をどのような抽象度でとらえているかだけの問題なのです。

問16 同じ？違う？／応用

次のうち、どちらの方が「より多くの知識を有した人」でしかできないと思えますか？

①「日本人と西洋人の違いがわかる」と「アメリカ人とカナダ人の違いがわかる」
②「スマホとＰＣの違いがわかる」と「iPhoneとAndroidのスマホの違いがわかる」
③「白ワインと赤ワインの違いがわかる」と「シャルドネとソービニヨンブランの違いがわかる」
④「英語とフランス語の違いがわかる」と「アメリカ英語とイギリス英語の違いがわかる」
⑤「ぶどうとメロンの違いがわかる」と「マスクメロンとプリンスメロンの違いがわかる」

【応用問題】皆さん自身でこのような違いのレベルについての問題を作ってみてください。

【解答】

すべて後者

この問題自体は何ら難しいものではありませんが、本問の意図は改めて「知識とは何か?」「専門家とはどういう人なのか?」を考えてもらうことです。

すぐにこれらの問題における前者と後者の違いは、ものごとのとらえ方の細かさの違いであることに気づいたでしょう。つまり後者は前者の一部をより細かく分解した単位同士の比較になっていたということです。図10を見てください。

前問からの関連で言えば、先の前者と後者の関係というのは具体と抽象の関係になっていたということです。つまり後者は前者の抽象度を下げたものであり、知識というのは具体的なレベルでの違いがわかる、つまり、ものを見る解像度が上がっていくということです。

ではどうすれば私たちがを見る際の解像度が上がるのかと言えば、日常生活で起きていることを考えれば明白でしょう。

要は近づいてみれば、より詳細に見えるというのは物理的に目で何かを見極める、つまり

図10　「知識がある」というのは具体的な違いがわかること

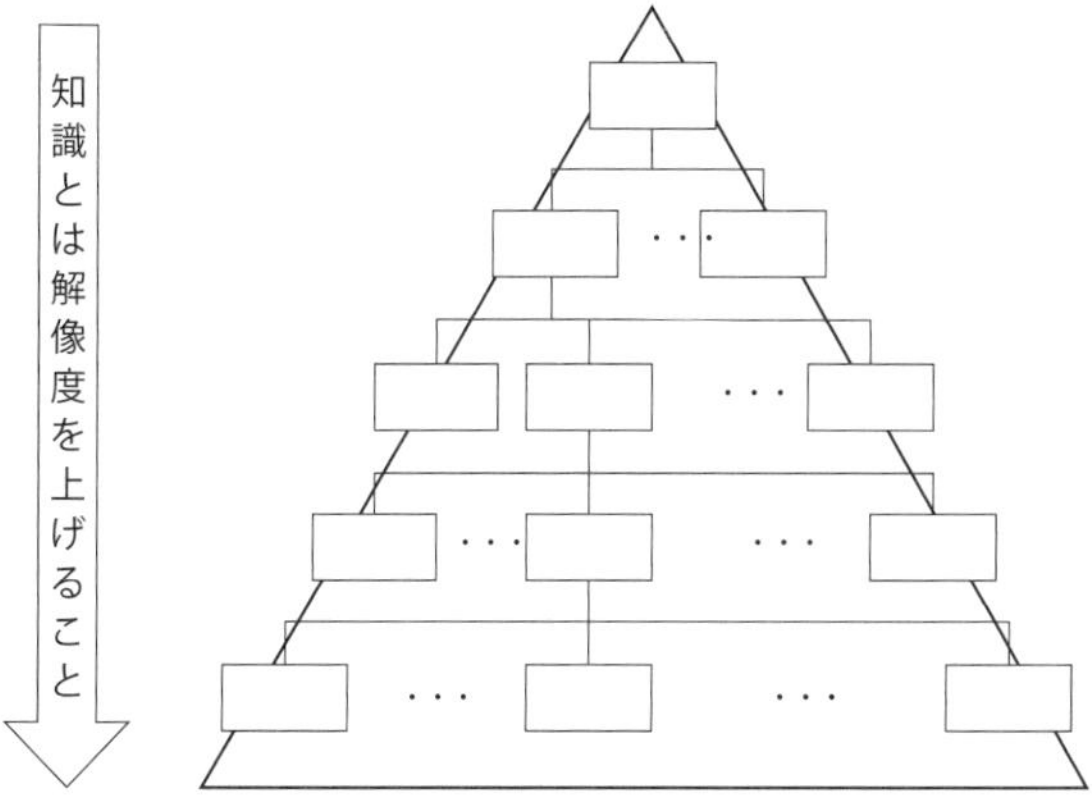

何かと何かを区別する場合に必要なことです。よほどの遠視の人をのぞけば、１００メートル先のものよりも10メートル先のもの、さらに1メートルと近づくほど細かいものの区別がついてくるはずです。

裏を返せば、専門家と言われる人たちは観察の対象物がより近くでよく見えている人たちであると言うことができるのです。逆に言えば、素人というのは物事を遠くで見ている人ということになります（図11参照）。

これを具体と抽象との関連で言えば、専門家というのは自分の専門領域を抽象化してとらえることが難しくなると言えます。自分の専門領域に関することをいわば「安易に」一般化されて「○○と××は一緒ですよね」と

図11　素人と専門家は見え方が違う

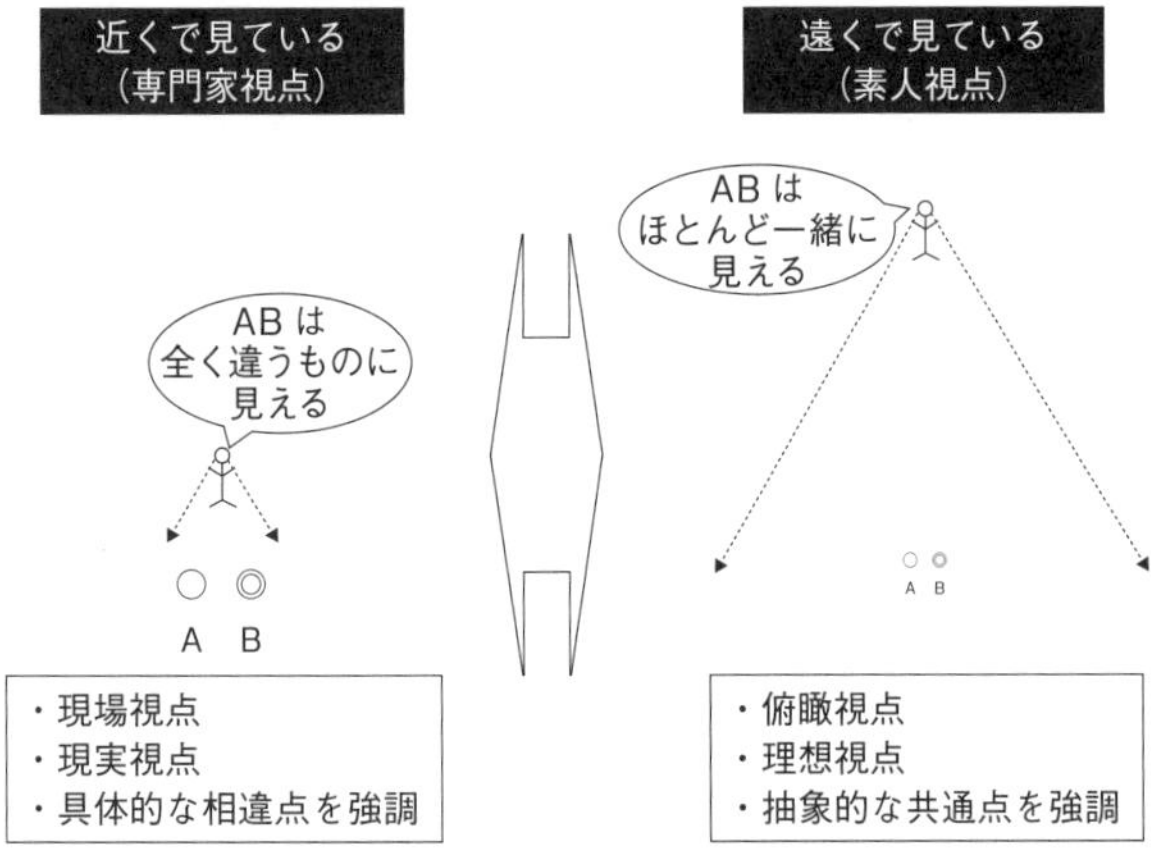

言われると不愉快に感じることが多いというのが専門家の思考回路です。ある意味でこれが抽象化を阻む原因であり、むしろ知識量の少ない素人の方が抽象化が得意であることになります。

誰にとっても至近距離で見えているものの最たるものが「自分自身」です。誰もが自分自身の専門家であり、そうであるがゆえに自分自身を一般化されることを概ね不愉快に感じます。そのくせ他人のことは安易に一般化して語ってしまうというメカニズムもここまでの解説からわかってもらえるでしょう。

問17

仲間外れは？／応用

次の言葉の中から仲間外れを1つ選んで下さい。

Aホッチキス
Bフライドポテト
Cアルバイト
Dペンダント

【解答】

すべて「正解」です。

もしかすると英語の得意な人、あるいはクイズが得意な人ははじめの2つの「ホッチキス」と「フライドポテト」から「あっ、これ知ってる。和製英（外国）語かどうかだ！」と「ひらめいた」かもしれません。そうなると「正解」はDのペンダントということになります。Pendantは普通に英語圏でも日本で使われているのと同様に通じる英語ですが、他の単語はご存じの方も多いようにホッチキス→Stapler（英語）、フライドポテト→French fries（英語）、アルバイトは語源のドイツ語のArbeitと意味が異なるなど母国語ではそのままでは意味が通じない日本固有の言葉です。

…と、よくあるクイズ番組であれば一件落着となるところなのですが、一体「すべて正解」とはどういうことなのでしょうか？

では他の選択肢も「すべて仲間外れ」であることを示しましょう。

・A以外は語尾がすべて「ト」である

・B以外はすべて5文字である

・C以外はこの直接の語源が英語に関係する（ホッチキスは開発元のE.H. Hotchkiss社の社名から来る商品名、あるいはその元となる機関銃の開発者のBenjamin Hotchkissに由来すると言われています。固有名詞ですから、これを「英語」とするのはどうかという意見もあるかも知れませんが、アメリカ人でありアメリカの会社であることからここでは「英語」と解釈しておきます。）

この構図、先の抽象化の話と全く同じ構図であること、おわかりでしょうか。要するにグルーピング（＝仲間づくり）というのは多分に恣意的なものであり、切り口に応じていかようにも変えられてしまうということです。

先の具体と抽象の項目で「抽象化とは恣意的なもので、グルーピングの仕方はいくらでも考えられる」というお話をしました。まさにこの問題もその構図を利用したものです。

このように私たちが使っている言語やその元となっている抽象化能力というのは、「場面に応じて都合の良いグルーピングをすること」であるために、文脈や意図によって様々に変化するものであって「絶対的に正しい使い方」など存在しないのです。

このことを理解していないと物事には正解があり、それに従わない人は「正解を知らない愚か者」であると判断することで様々なコミュニケーション上のトラブルが生じることになります。

「正解なんて前提条件やものの見方によっていくらでも変化すること」、そしてその大部分は人間の知的能力の代表としての抽象化に起因していることは認識していて損はないでしょう。

他人の意見が「自分の考える正解と異なっている」ときには、単に「あなたは間違っている」と非難し、自分の意見を相手に押し付けようとするのではなくまずは相手がどのように事象をとらえているかを理解することによって多くの誤解は解消できるのではないでしょうか。

問18 言葉の定義でわかる論理性／応用

世の中には似て非なるものや言葉が多数存在します。

皆さんはそれらの違いをどのように定義するでしょうか？

①～⑤の各々の言葉の違いを説明するのに誤解が少なく誰が聞いても同様の理解ができるのはどちらでしょうか？

（その定義が正しいかとか皆さんのイメージに合っているかではなくて、曖昧性があるかどうかという観点で選んでください）

①ヒラメとカレイ

A「よく寿司ネタになっているのがヒラメで、脂がのっているのがカレイ」

B「お腹を手前にして置いた時、頭が左を向くのがヒラメ、右を向くのがカレイ」

②サッカーとフットサル

A「11人でやるのがサッカーで、5人でやるのがフットサル」

B「ガチでやるのがサッカーで、オフサイドがないのがフットサル」

③仕事と労働
A「スキルアップにつながるのが仕事で、お金もらってやるのが労働」
B「自分なりに工夫しながらやるのが仕事で、他人に言われた通りだけやるのが労働」

④戦略と戦術
A「長期的な全体像を考えるのが戦略で、短期的で局所的な作戦を考えるのが戦術」
B「大きな作戦が戦略で、戦力を考えるのが戦術」

⑤投機と投資
A「バブル時に多いのが投機で、資金を増やせるのが投資」
B「リスクが相対的に大きいのが投機で、小さいのが投資」

【解答と解説】

定義の曖昧性が小さく「誰が聞いても」解釈の誤解が少ないと思われるもの

①B、②A、③B、④A、⑤B

こういう形で問われると、選ばなかった方（定義が曖昧だったり誤解を招いたりするもの）のおかしさがわかるのではないでしょうか。

これら5つの問題に関して、誰が聞いても誤解がない選択肢とはどういう条件を満たすのかを考えてみましょう。まず全体として、2つの言葉（XとYとします）の違いを表現するのに「Xは○○でYは××である」と記述した場合に、○○と××が何らかの形で対比の関係になっているものの方が、明らかに定義としてはわかりやすいと言えるでしょう。

では次に「対比の関係」になっているとはどういうことかを考えてみます。

「ヒラメとカレイ」の例がわかりやすいですが、2つの定義が「右と左」のように反意語の関係になっていれば、極めて定義としては明快です。同様に③では「自分と他人」、④では「長期と短期」、そして⑤では「リスク大とリスク小」といずれも反意語の関係になっていま

図12　定義としてふさわしい条件

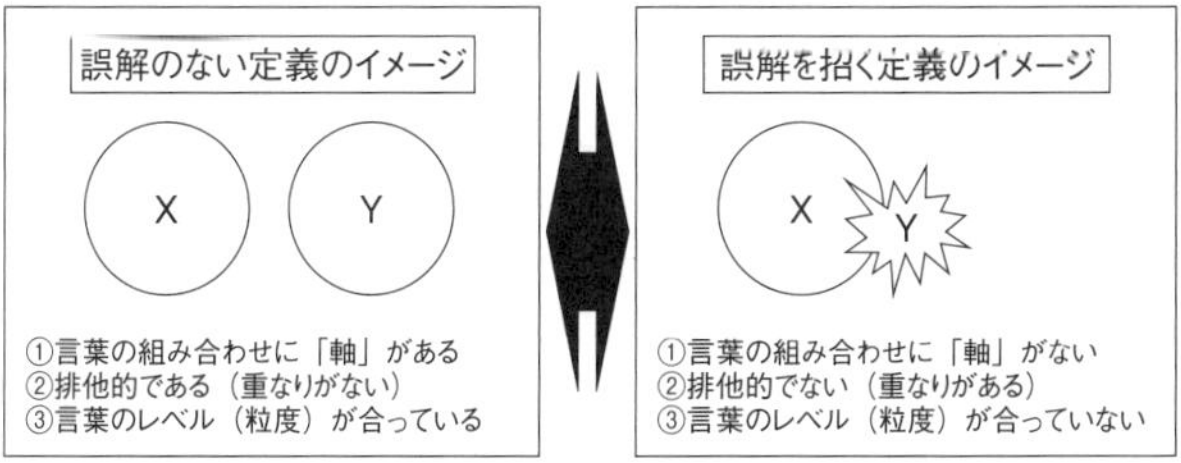

す。

これに当てはまらなかった②に関しては「11人と5人」という形で、反意語ではありませんが、共通するのは2つの言葉が対等のレベルでダブりがないことと言えるでしょう。

このような例から導かれる、定義としてふさわしい条件は図12に示した次の3点です。

①言葉の組み合わせに「軸」がある
②排他的である（重なりがない）
③言葉のレベル（粒度）が合っている

これらの条件がそろわない定義は、各問題で示したように定義が曖昧であったり人によって解釈が異なったりといった形で誤解を招くものになりかねません。

「そんなに厳密に定義しなくたって、わかりやすい定義だったらいいんじゃないの？」と思う人もいるかもしれません。ところが、この「わかりやすい」という言葉が曲者で、何がわかりやすいかなんていうのは人によって異なります。大体において、このように厳密でない定義をしている人というのは、自分に都合の良いわかりやすさで定義しているがゆえに、他人にとっては誤解を招くことになり、それが様々なコミュニケーションギャップにつながっていくことになるのです。

全く同様なのが「論理的であるかどうか」という問題です。日常会話においてはそれほど厳密な論理性を気にしていない人がほとんどでしょう。ところが厳密に論理的でない会話をしていると、本問の例のように後になって言葉の定義等が違うがゆえに様々な誤解を招いていくことになり、そもそもなぜそのようなことが起こっているかに気づかないというのが論理性を意識していないことの弊害です。

再び例題の世界にもどると、世の中にはこのように「似て非なる言葉」があふれています。それらについては様々な人が様々な形で定義をしていますが、ここで述べた「誤解のない定義」であるものは実はごくまれで、比較の軸が存在しなかったり言葉の粒度がそろっていないことがほとんどです。

本問で「誤解のない定義方法」を習得した皆さんは、ぜひ世にあふれる曖昧な定義を「自分ならどう定義するか」と考え直してみてください。例えばとっかかりとして次のようなペアを考えてはいかがでしょうか？

・友達と仲間の違い
・事件と事故の違い
・学問と勉強の違い
・課題と問題の違い
・目標と目的の違い
・公平と平等の違い

この他にも「練習問題」はいくらでも探すことができるでしょう。さらに、このように作った「練習問題」に世の中の人がどのように定義を与えているか、ネットで検索してみてください。

本問でいうところの「誰が見ても誤解のない定義」をしているものと、「思いつきで自分の主張に都合の良い定義」をしているものがあることに気が付くと思います。

問19　比較するには？／応用

ある一定の予算の中でどれを買ったらよいかというのは、プライベートでも仕事でも、様々な場面であるかと思います。

例えば一定の予算内で誰かに贈り物をする場面を想定します。以下のような選択を迫られた場合に両者を比較対象として様々な観点から検討しやすいのはどのような対比でしょうか？

各々の選択肢を「比較検討しやすい」「比較検討しにくい」のいずれかで判断してください。ただし、必ずしも自分ひとりで決めるというよりは様々な関係者の間で議論をして合意を取る必要があるという前提で考えてください。

①「換金できるもの」と「換金できないもの」
②「高級メロン」と「ブランド物のボールペン」
③「日持ちのするもの」と「日持ちのしないもの」
④「くまモンクッキー」と「新作映画のチケット」

【解答】

どれが比較しやすいかは自明でしょう。

②④のように「メロンとボールペンとどっちが良いか?」とか「くまモンクッキーと映画のチケットとどっちが良いか?」などと聞かれても普通の人は「相手による」とか「状況による」としか答えられないと思います。

もちろん「相手による」や「状況による」は①③のような他の選択肢においても同じなのですが、②④の場合はその場の特定の相手の趣味や性格を知らない限り考えることはできません。対して①③の場合は「こういう場合は前者でこういう場合は後者が良い」という一般論から、多くの人が同じ基準で考えることができるのではないでしょうか。

それでは①③のような選択肢の出し方と②④のような選択肢の出し方は何が違うのでしょうか。本書を読んでいる読者の方であればおわかりでしょう。それは「具体的な選択肢」なのか「抽象的な選択肢」なのかという違いです。

抽象的な選択肢とはこの場合、「○○のもの」といった分類の言葉で表現されていること、またそうであるがゆえに「○○であるか、○○でないか」といった形の対立概念で考えることができるものも多いと言えます。

つまり、抽象度が統一されていたり、それらの間に軸があったりすると比較がやりやすくなります。

つまり図13のように、具体的な事象はその中から何らかの属性を抜き出して抽象化することで、具体レベルでは全く異なるように見える複数のものを一つの物差しで見られるようにすることができます。

こう考えてくれば「お金」という概念は私たちが日常用いているほとんどのものを「一つの尺度」（＝価値）で抽

図13　抽象化すれば比較しやすくなる

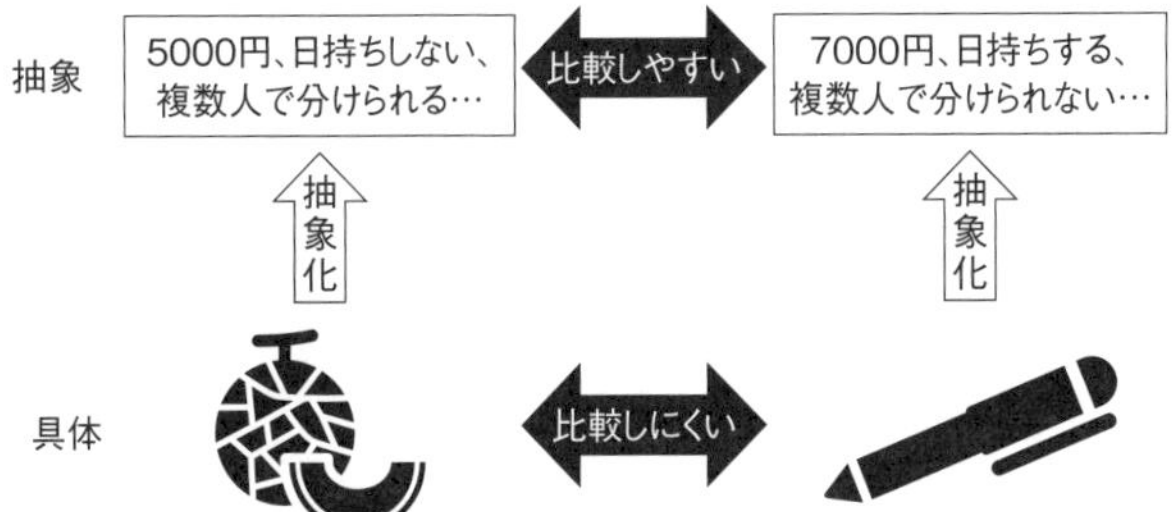

象化することですべてを「交換」という「同じ土俵」で扱えるようにした究極の抽象化であると考えることができます。

問20 DoubRing①／応用

「自然と人間の関係」を2つの円で表現するとしたらどのようにしますか？　図の9つの選択肢から選んでください。

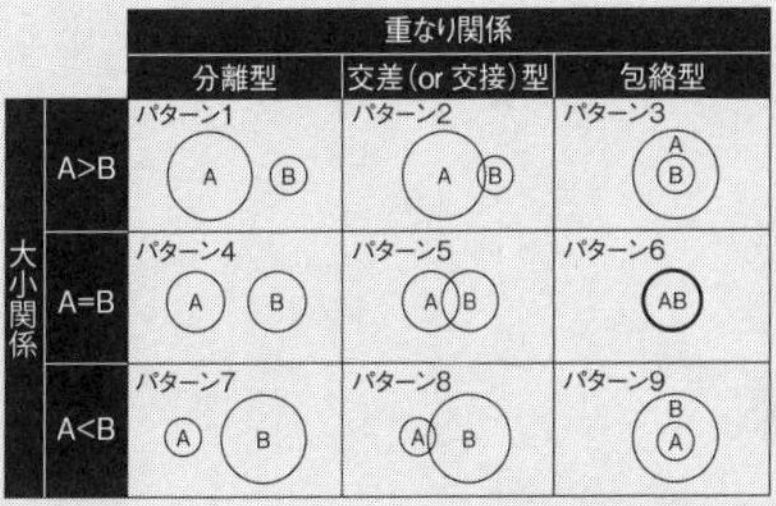

※2つの言葉の関係を「大小関係」と「重なり関係」に絞って各々を3通りにすることで9パターンとし、定量比較が可能にしていますので、どうしても上記のいずれかに当てはまらない場合は「パターン10」として、10者択一としてください。

【解答】

当たり前ですが、この問題には（にも）正解はありません。

参考までに日本人27719名からの回答結果を示します（図14参照）。

ここからわかるのは「自然」と「人間」という、私たちが毎日のように何気なく使っている基本的な言葉の関係性でも様々な解釈があるということです。圧倒的にパターン3（自然の中に人間が包含）が多いものの、その他のパターンも一定割合で存在します。

ましてや世界を見れば、日本人に支配的な見方が全く「普通ではない」ことや、他の国や地域においてはパターン3が必ずしも多数派ではないことがわかります（詳細はDoubRingのWebPage（https://doubring.jimdo.com/statistics/basic-8-by-country-region/）を参照下さい。

この問題の解釈は皆さんご自身にお任せするとして、本問題の意図は、「基本的な言葉の解釈は個人個人で異なっている」こと、さらにそのことを多くの人は自覚しないままに、このような言葉を用いてコミュニケーションして「伝わった気になっている」ことです。

言葉というのは抽象化思考の産物の代表です。本書の「具体と抽象」や抽象化の解説で述べてきた通り、抽象化というのは「人によって、状況によって恣意的に行われる」ものです。

図14　「自然と人間の関係」についての回答

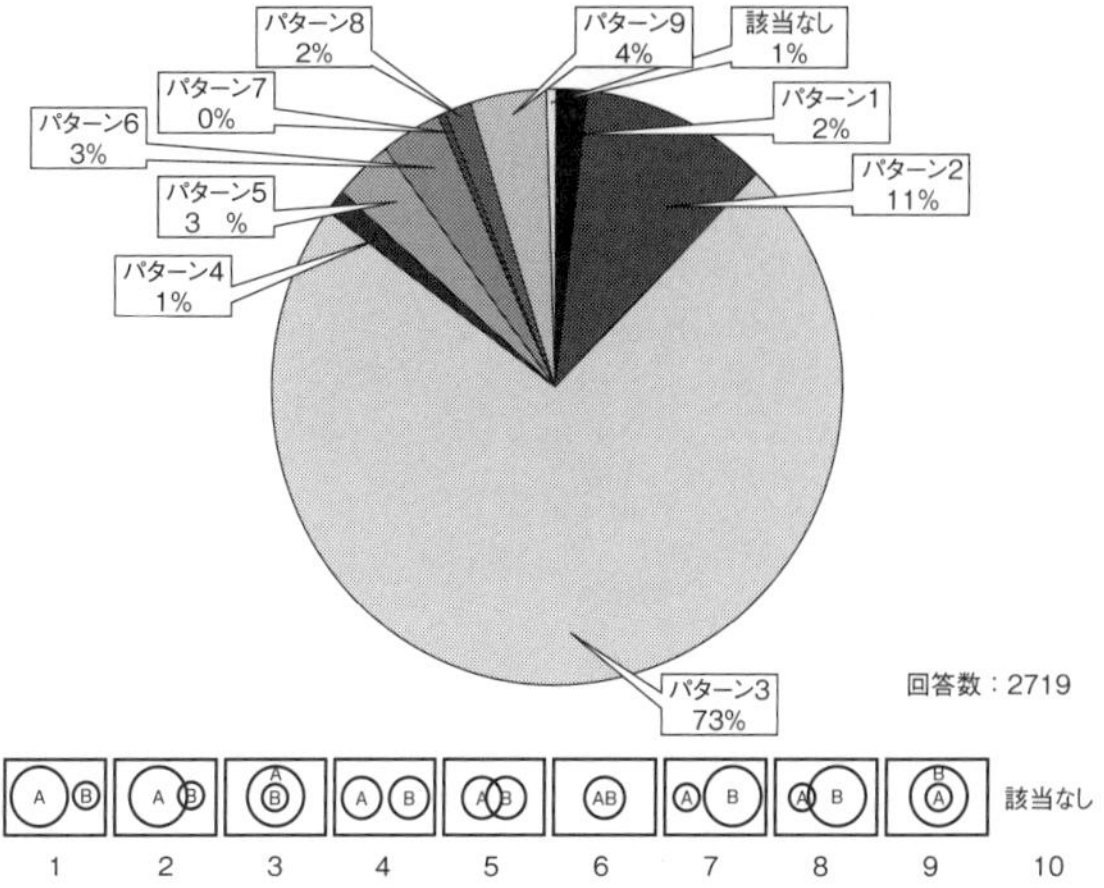

言葉も抽象化の産物である以上は、その弊害を逃れることができません。

　したがって問題は「言葉の解釈が人によって異なっている」ことではなくて（それは言葉の持つ宿命なので）、そのことを自覚せずに皆が同じ解釈で言葉を用いているという前提で私たちのコミュニケーションが進んでいき、他人との解釈の齟齬が生じた際に「どちらが正しい」という方向の議論になってしまうことです。

　例えば本問で取り上げた「自然と人間の関係」については、これらの関係の基本的なスタンスが人によって真っ向から対立していることが、先の集計結果からわかると思います。「人間は自然の一部である」という解釈が支配的な東アジア的発想と、「自然と人間の重なりはない」という解釈が一定の割合で存在する他の地域の人たちとが「自然保護」について議論しても、根本的なスタンスが異なっているので議論がかみ合う方がむしろおかしいと言えるでしょう。ところがこのような簡単な言葉についてさえ、私たちはその定義もろくに明確にしないままに議論に突入してしまっているのです。

問21　DoubRing②／応用

前の「自然と人間の関係」でやったDoubRingを別の言葉のペアでトライしてみましょう。今度は「理想と現実の関係」です。これらの言葉の関係を2つの円で表現するとしたらどのようにしますか？　図の9つの選択肢から選んでください。

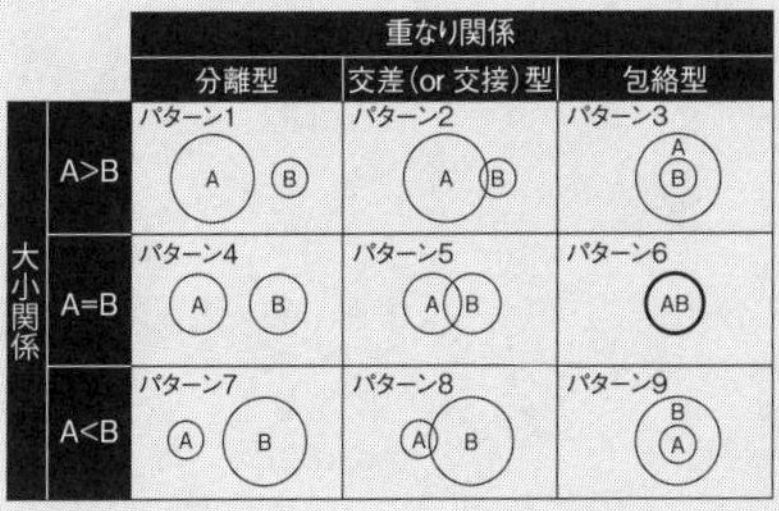

【解答】

当然この問題にも正解はありませんが、前問同様、参考までに日本人2728名の回答結果を示します。

ここでも一番のポイントは、日常的によく用いられる「理想」や「現実」といった言葉でさえ、これほどまでに人によって認識している関係性が異なっていることです。「理想と現実は全く別物」と考える人もいれば、「理想のうちの一部が現実として実現する」とか「理想も現実に考えていることの一部である」と考える人もいるかもしれません。このように、言葉というのは私たちが認識している抽象概念を短い表現で切り取ったものなので、文字通り人によって千差万別の定義があり同じような言語を話しているつもりでも定義が微妙に（あるいは全く）異なっているのです。

図15　「理想と現実の関係」についての回答

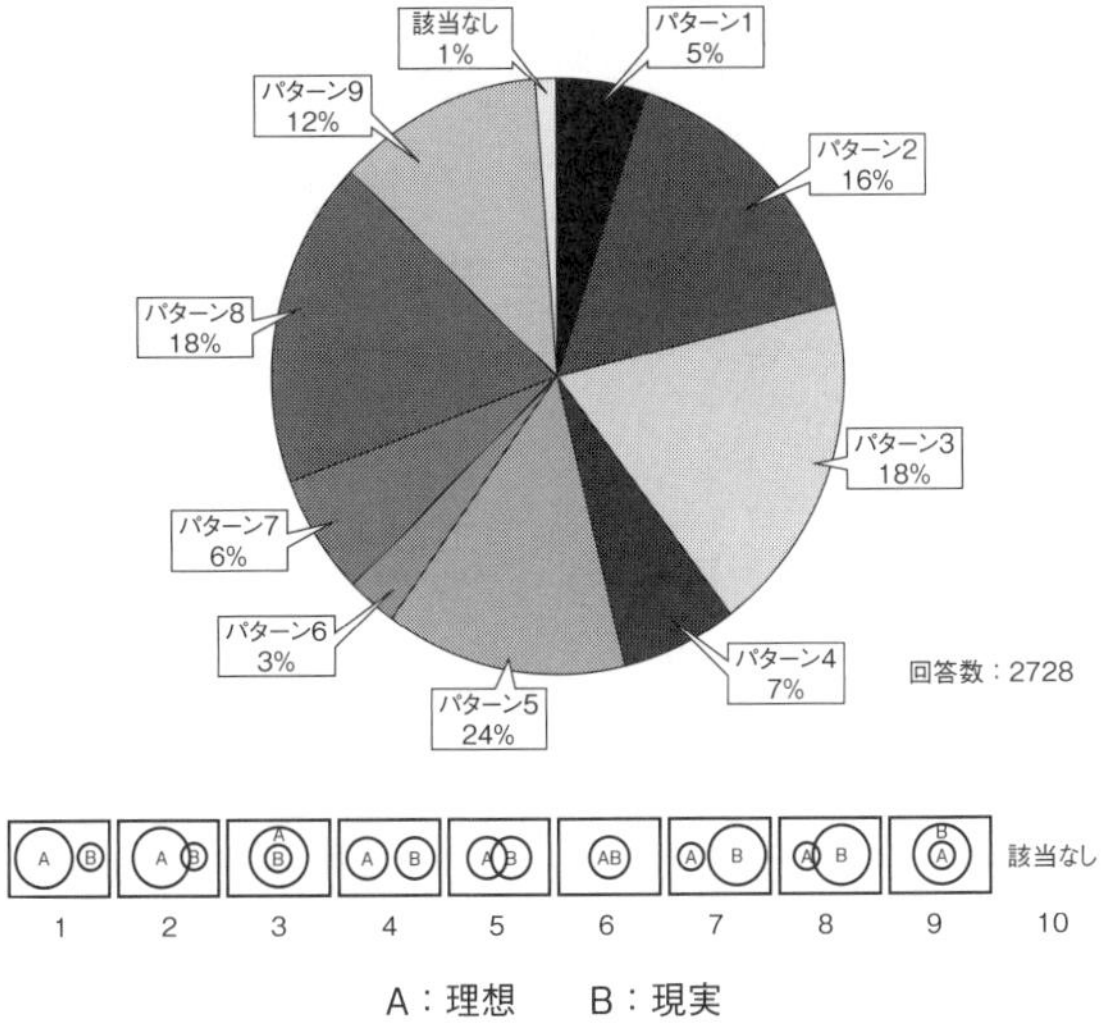

問22 抽象度の高い記念日を考える／応用

本問は問題の前に少し長い説明が入りますので、それを予備知識として読んだうえで考えてください。

【前提知識】

毎月22日は「ショートケーキの日」だそうです。

なぜかおわかりでしょうか？ヒントは下のようなカレンダーです。

日	月	火	水	木	金	土
1	2	3	4	5	6	7
8	9	10	11	12	13	14
15	16	17	18	19	20	21
22	23	24	25	26	27	28
29	30	31				

もうわかりましたね。

「22には『15』（いちご）が載っている」というわけです。これは一週間が7日で、週毎に表示されたカレンダーであればそれが何曜日であろうが、必ず22日の上には15日が配置されることになります。

この「ショートケーキの日」というのは、あまたある「毎月〇日は××の日」の中で異彩を放っていますが、それはなぜでしょうか？

他によくある語呂合わせの「○○の日」を考えてみましょう。

26日「風呂の日」

29日「肉の日」

23日「ふみの日」

これらは「音を重視している」という点で、聞こえたままの聴覚重視の（五感重視という点で）具体的な記念日の決め方ということになります。

対して、ショートケーキの日は全く語呂合わせとは関係なく、何で決まっているかといえば、「15と22の関係性」という「つながり＝関係性」をベースとしているという点で目に見えない抽象レベルで決められていることになります。

このような抽象で決まった記念日という点が「ショートケーキの日」の特殊性です。さて、前置きの説明が長くなりましたが、ここからが本当の問題です。

【問題】

「ショートケーキの日」のように、具体レベルの「語呂合わせ」ではなく、抽象レベルで何らかの「関係性」を考慮した「○○の日」を考えてください。

【解答】

再びカレンダーを見ながら考えてください。

例えばこんなのはいかがでしょうか?

(理由は皆さんで考えてみて下さい)

「22日はステーキソースの日」

「30日は弟妹の日」

まだまだいくらでも考えられると思いますので、皆さんも何か考えて関係する組織や会社に提案してみたらいかがでしょうか。抽象化を考えるとは、関係性を考えることです。これも一つの抽象化のトレーニングになるかもしれません。

ただし、多くの記念日が抽象度の低い「単なる語呂合わせ」である理由も本書のメッセージからわかると思います。

多数派に圧倒的に「わかりやすい」のはそちらだからです。

そもそもこのような記念日は万人に覚えてもらうことが目的であることがほとんどなので、

わかりにくくては何の意味もありません。ただし、聞いた時に「なるほど感」があるのは、少し工夫がされてすぐにはわからない抽象度の高いものであることがわかるでしょう。

問23 経験を抽象化する／実践

まずはオフィス街で働くAさんのこんな経験を共有してください。

Aさんは職場の同僚と職場近くのお店にランチに行きました。すぐに座れてオーダーしたものの、明らかに忘れられていたようで、後から入ってきたお客さんたちに次々と料理が運ばれてくるのに、いつまでたっても自分たちの料理は出てきません。

午後一番で打合せがあるのですぐに座れそうなお店を選んだのに、これでは逆効果になってしまいました。そろそろ打合せが気になっていらだちがピークに達してきました。

しびれを切らして店員さんに確認したら、どうやら忘れていたようで「すぐにご用意します」とのこと。「もう要りません！」と出かかった言葉を飲み込み、何とかぎりぎりに食べ終わった食事を後にして会計のタイミングです。

「もう二度と来るか！」と心の中で思いながらレジに向かうと、奥から店長とおぼしき人が出てきて丁重な謝罪があった上に、何と「次回の食事無料チケット」までいただいてしまいました。結果として逆に全く恐縮してしまったばかりか、店を出るときにはもうその同僚と、次に来る日と「次は何を食べようか？」という相談まで始める始末。

皆さんもこれに近い経験をしたことはないでしょうか？
さて皆さんはこのようなＡさんの経験から、何を教訓として学べるでしょうか？
お客の立場とお店の立場、両方から考えてみて下さい。

【解答】

例えば、以下のような汎用性の高い教訓が、この私的な具体的経験からの抽象化によって得られないでしょうか。他にも多くの教訓はありそうですが、両者の立場から1つずつの例を挙げておきます。

教訓例①お客の立場から

「終わりよければすべてよし」

まさにことわざでまとめたわけですが、このAさんの事例のように、途中にどんなに悪いことがあっても、最後がよければそれまでの悪印象がふっとんでしまったというような経験はないでしょうか?

途中がつまらなかった小説を我慢して読んでいたら、最後の大どんでん返しに圧倒されて何人もの友達に紹介したとか、途中まであくびが出そうだったプレゼンテーションの「最後の一言」がめちゃくちゃ刺さって、衝動的な意思決定をしてしまったとか、あるいは第一印象が悪かった就職面接相手の最後の「御社の好き具合」のアピールが巧妙で、思わず「採用です！」の一言が出てしまったとか……人間の感情の動きは一瞬にしてひっくり返り、それもそれも最後に残ったものがその後の印象を圧倒的に支配するという経験が、この「Ａさんのレストランの一件」に象徴されているように見えます。

教訓例②お店の立場から

「ピンチとチャンスは表裏一体である」あるいは「禍転じて福となす」

クレームはファンを増やすチャンスであるというのは、人の心の動きを理解しているビジネスパーソンが肝に銘じていることです。要はこのケースでいうと「大嫌いである」という状態と「大好きである」という状態は「感情の高ぶりが対象に向かっている」という点で「紙一重である」という解釈ができるのです。

ところがそのような構図を理解していない多くの人は、一度「マイナス１００」になったら「プラス１００」にするのは（差が２００もあるという点で）大変な困難だと思ってしまいます。ところが上記の構造を理解している人は全く違ったものの見方をします。いわば先の数字を（プラスマイナスを除いた）「絶対値」で判断するのです（ここでいう絶対値とは、先の「感情の大きさ」を示しています）。そう考えれば「マイナス１００とプラス１００は同じ」で「ゼロとプラス１００の差は１００である」という世界観になります。そうなると、実はマイナス100をプラス100にする方がゼロをプラス100にするよりもはるかに簡単だというものの見方になります。

これが冒頭の教訓のポイントです。

ここからさらに一般化すると、人間の感情に関する一般法則も導くことができます。今回のAさんの経験と全く逆パターンが「かわいさあまって憎さ百倍」ということわざになりますが、両者に共通するのは、「大きなプラスと大きなマイナスは両極端のようでありながら実は紙一重の差でしかない」ということです。

さらには「この問題からの教訓」を一般化して考えてみましょう、というのが本問の本当の意図です。要は日常的に経験していることをその単発事象だけでなく、常に一般化し、抽象化することで、私たちが教訓を得る場はそこら中に転がっているということです。

一つ一つの経験をそれだけの失敗や成功で終わらせるのか、「一を聞いて十を知る」というスタンスを常に持って、日々の経験を何倍にも活用しようという姿勢でいるかによって、日々の経験からどこまで学べるのかという程度が大きく変わってきます。

抽象化能力の差が学びのスピードの差になって表れるのか、本問でやった経験の一般化から考えてみてください。

第3章

「具体と抽象」基本編

前章では、抽象化やその産物としての言葉の定義などについて見てきました。抽象化とは「状況に応じて恣意的に抜き出すこと」であるのは様々な問題の事例で理解してもらえたのではないかと思います。

続いて本章では、改めて「具体と抽象」という相対的に対立する概念について、それらを比較しながら見ていきましょう。抽象化の産物としての抽象が具体とどう違い、どのようなメリットやデメリットがあるのかを確認してみてください。

一度基本にもどるために、しばらく簡単な問題も続いたりしますが、そう思ったら少し飛ばしながら読んでみても構いません。

問24　具体と抽象の関係①／基礎

次の言葉のペアは具体と抽象の相対的な特徴の関係になっています。どちらが抽象の特徴を表現しているものかを選んでください。

Q１：「抽象」にあてはまるのはどちらでしょう？
A目に見える　B目に見えない

Q２：「抽象」にあてはまるのはどちらでしょう？
A共通点に着目する　B相違点に着目する

Q３：「抽象」にあてはまるのはどちらでしょう？
A仕事の川上で重要である　B仕事の川下で重要である

Q４：「抽象」にあてはまるのはどちらでしょう？
A少人数で考える方が品質が上がる　B多人数で考える方が品質が上がる

Q５：「抽象」にあてはまるのはどちらでしょう？
A枝葉　B幹

【解答】

抽象は次の通り

Q1：B
Q2：A
Q3：A
Q4：A
Q5：B

【解説】

Q1：B

これは具体と抽象の定義にも関係します。具体とは目に見え、触ることができ、その他五感で感じられるもの、「絵に描ける」もの、「写真に撮れる」ものと言えます。

Q２：A
異なる複数の事象の共通点に着目して、それらを共通要素として抜き出すのが抽象です。これに対して、「すべて一つ一つを異なった対象として見る」のが具体です。ある人が具体的に物事を見る傾向が強いのか、抽象的にものごとをとらえる傾向が強いのかを判断する基準がここから得られます。

「自分のいる業界や組織は特別だ」「自分の置かれた環境は他人とは違う」が口癖の人は具体的に物事を見ていることからこのような思考回路になります。

抽象的に事象を観察すればするほど「すべてが同じ」という思考回路になっていきます。
もちろん、「おなじもの」に着目するということは、裏を返せば「異なるもの」に着目すると言えないことはないのですが、あくまでも中心は共通点であるので、本書のここでの「正解」は同じものの方としておきます。

Q３：A

仕事の川上と川下については別の項目で詳説していますので、ここでは省略しますが、仕事は「抽象的な川上」（コンセプト策定等）から「具体的な川下」（各個人の個別詳細アクション）へと流れていきます。抽象概念を扱うのが重要なのは、あらゆる場面における川上側においてです。逆に言えば、それを具体化することによって川下の実行につながることになります。

Q４：A

今回、最も迷う可能性があった選択肢はこれではないでしょうか。

よくビジネスの現場では、「チームワークが重要」「一人で考えずに相談した方がよい」といったことが言われたり、あるいは格言に「三人寄れば文殊の知恵」といった言葉があるように、多くの人が集まればアウトプットの品質は無条件に上がると考える人が多いかもしれませんが、抽象度の高いアウトプットを出す場合にだけはこの法則はあてはまりません。

例えば商品やイベントなどの「コンセプト」を最初に考える場面を想定してみましょう。

このようなコンセプトというのはシンプルに方向性を示すものです。このようなシンプルなメッセージや方針は多くの人が関われば関わるほど、角が取れて丸くなり、多くの人にとって無難なものになってしまいます。つまり特徴的なことが薄まっていくということです。

抽象度の高い全体像やコンセプトを考えるときは少人数であればあるほどとがって特徴の明確なアウトプットが生まれてくるのです。

Ｑ５：Ｂ

抽象が幹で具体が枝葉であるというのも、具体と抽象の関係から明白でしょう。抽象化とは「枝葉を切り捨てて太い幹だけ残す」ことを意味しています。もう少し正確に具体の世界を表現すれば、具体の世界というのはすべてが個別で一つ一つに個性が存在する世界ですので、「そもそも枝葉も幹もない」ということになります。

よく些末なことにこだわっている人に、「枝葉でなく幹を見なさい」と言ったりすることがあるのですが、この言葉の難しいところは、そもそもこの言葉は幹と枝葉を見分けることができる人にしか通用しないので、枝葉が切り捨てられない＝そもそも枝葉と幹の区別ができていない人にこのような言葉を投げかけても、「意味がわからない」ということになってしまうのです。

問25　自己紹介／応用

初対面の人たちの間での自己紹介の場や履歴書への記入などで、「私の趣味は音楽鑑賞です」といった言葉が聞かれます。

この言葉は自己紹介として有効な表現と言えるでしょうか？
言えるとすれば、それはなぜでしょうか？
言えないとすれば、それはなぜでしょうか？

【解説】

またしてもこの問題への解答は「状況による」です。

ではどんな場合に「趣味は音楽鑑賞」が有効で、どんな場合に有効でないかを本書のメインテーマの一つである「具体と抽象」という観点から考えてみましょう。ここから「具体と抽象」の各々のメリットとデメリット、あるいは各々の適切な使いどころが見えてくるかと思います。

色々な人たちの自己紹介を思い浮かべてみれば、自己紹介にも様々な抽象度（or具体性）があることがわかります。

「趣味は音楽鑑賞です」
「趣味はクラシック音楽鑑賞です」
「モーツァルトが大好きです」
「モーツァルトのピアノ協奏曲第21番のことばかり毎日考えています」

これらはどのような関係になっているかおわかりでしょうか？　これらの関係を図で示す

図16 音楽から24番までの包含関係

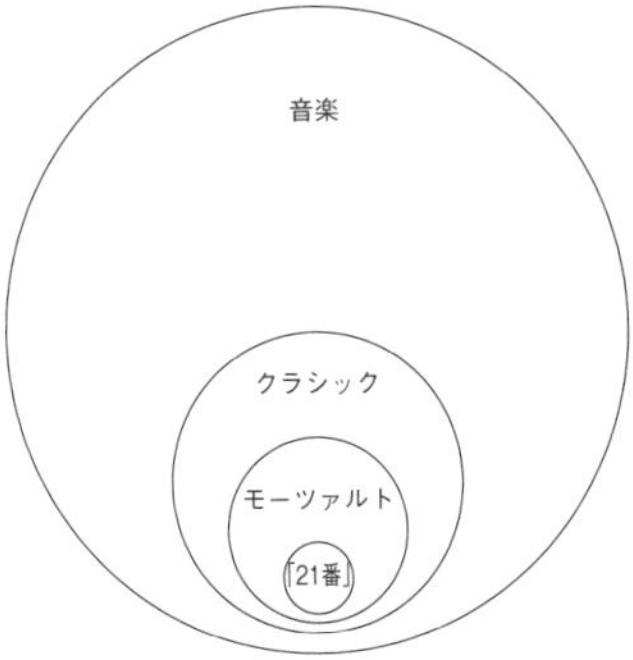

と図16のようになります。

つまり、「クラシック」というのは音楽の一つの分野であり、「モーツァルト」はそのクラシックの一部であり、さらに「ピアノ協奏曲第21番」はそのモーツァルトの作品の一つという関係です。つまりこれらはすべて「後者が前者の例の一つ」という関係になっており、まさに「具体と抽象」の関係ということができます。つまりこれらを「具体と抽象」という軸で並べなおすと図17のようになります。

これが具体と抽象の関係のイメージです。つまり、「範囲は狭いが鮮明で明確」が具体であるのに対して、「広くて曖昧だが範囲が広い」のが抽象であるという関係です。

続いてこのような関係が自己紹介の場でどのような役割を演じるかを考えてみましょう。

図17　「具体と抽象の関係」のイメージ

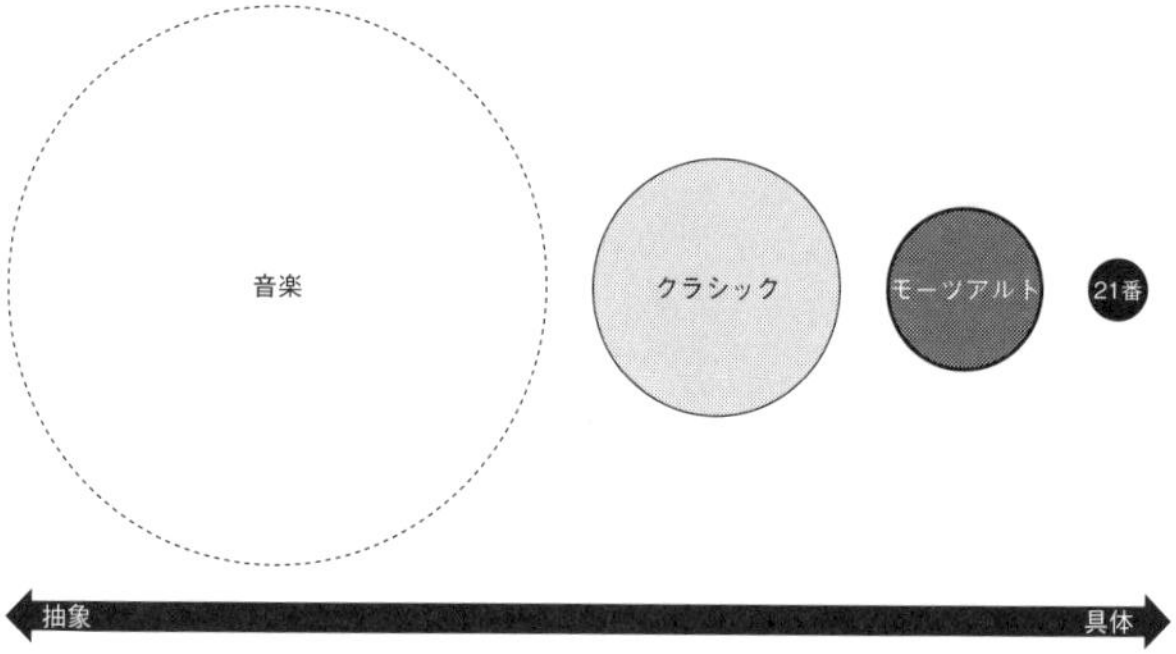

図18　具体と抽象の関係

抽象的表現	具体的表現
・範囲が広い	・範囲が狭い
・イメージが曖昧	・イメージが明確
・感情に刺さらない	・感情に刺さる
・境界があいまい	・境界が明確

具体と抽象の関係を図表18のように整理したうえで、その性質が自己紹介で与える影響について見ていきます。

まず範囲が広いか狭いかということですが、これは自己紹介において不特定多数の人との間でどの程度「同じ分類の人がいるかどうか」を決定することになります。

例えば100人の人がいる場面で「音楽鑑賞が趣味です」と言えば、おそらくその場にいる人の9割以上は多かれ少なかれ「音楽鑑賞が趣味」と言えるのではないでしょうか。

つまり、この発言は「ほとんどの人との共通点」となります。ところがその半面、対象となるジャンルや楽曲が曖昧なために「刺さりが弱く」この自己紹介を聞いて100人の中で「音楽鑑賞が好きな○○さん」として印象に残るという人はほぼ皆無と言ってよいでしょう。

それが音楽→クラシック→モーツァルト→ピアノ協奏曲第21番といくにつれて、図17のように範囲が狭くなる一方で「刺さりが強く」なっていきます。この100人の中でクラシック好きとなれば、いて1~2割、さらにモーツァルト好きとなれば、おそらくいても数人ということになるでしょう。ましてや特定の協奏曲レベルでの趣味が一致するとなれば、これはいても1人の「レアもの」となり、もし「共通の趣味」の人がいれば、間違いなくその人は一連の自己紹介が終了した後に先の自己紹介者にかけよって、「私もです！」と感動の初対面ということになるでしょう。

これが言葉や表現における「具体と抽象」の関係です。

ではようやく最初の問題にもどって「音楽が趣味です」は自己紹介として適切かどうかという問題への回答ですが、上記の説明からすると、「抽象的で対象範囲が広すぎるからあまり効果的ではない」という結論になるように見えます。

ところが一方で、例えば履歴書に書く趣味の欄には「音楽鑑賞」「映画鑑賞」の抽象度で記述する人が多いのではないでしょうか？　ここには普通「モーツァルト」とは書かないでしょう。それはなぜでしょうか？

抽象とはよくも悪くもその人をユニークな存在としないのに対して、具体的になればなるほど範囲が狭くなり、究極は「その人ひとり」という固有の存在になっていきます。

そのような事情を考慮すると、比較的一般的な自己紹介のあり方としては、まずは抽象度を上げた言葉で広めに入っていきながら、徐々に具体性を上げて範囲をしぼることで自らのユニークさをアピールしていくということになるでしょうか。

ここで自己紹介の目的を考えてみましょう。最初の「100人の自己紹介」では、明らかに「その人のユニークさ」をアピールして他の人との差別化要因を出さなければ意味がないでしょう。

これに対して、履歴書はどう使われるかと考えてみれば、「履歴書だけで100人から1人選ぶ」という場面であれば上記と同じ状況と言えますが、通常履歴書は一次審査のような形で「特殊な（否定的な意味で）人を排除する」場面で用いられることが多いのではないかと思います。したがって、この場合に必要なのは、「ユニークさをアピールする」ことではなく、「普通の人」であることをアピールすることになります。

「趣味はサソリの観察です」と書くのは、「100人から履歴書だけで選んでもらう」場面では一か八かでやってみる価値はあるでしょうが、通常の利用場面ではほぼあり得ない選択肢であると言えるでしょう。

このように、言葉を選択する際には、その目的に合わせて「具体と抽象」のレベルを合わせることが重要になるのです。

問26 レーザーポインタと懐中電灯／応用

① レーザーポインタと懐中電灯を比較して、
・どちらが照らせる範囲が広いか？
・どちらが明るく照らすことができるか？
を考えてください。

② 前記を考慮のうえ、「照らす範囲が狭いが明るさが強いライト」（Xライトとする）と「明るさは弱いが照らす範囲が広いライト」（Yライトとする）を次のような用途に用いる場合にどのように使い分ければよいか、考えてください。
・夕暮れ時にやや暗くなった会議室で小さな紛失物を探す場合
・真っ暗闇の会議室で小さな紛失物を探す場合

【解答&解説】

①

・どちらが照らせる範囲が広いか?　↓懐中電灯

・どちらが明るく照らすことができるか?　↓レーザーポインタ

②

・やや暗めの会議室で小さな紛失物を探す場合↓(肉眼である程度の当たりはつけられるので)Xタイプのライトで探す(Yライトは不要)

・真っ暗闇の会議室で小さな紛失物を探す場合↓まずはYタイプのライトで大体の当たりをつけてからXタイプのライトで詳細に探す

…と、ここまでは日常体験からある意味答えは自明なわけですが、これらXタイプのライトとYタイプのライトは本書でいう具体と抽象の関係であることがおわかりでしょうか?

先の自己紹介の具体と抽象で表現したことが、これら「2種類のライト」と一致することがおわかりでしょう。

図19　ライトも「抽象と具体の関係」にある

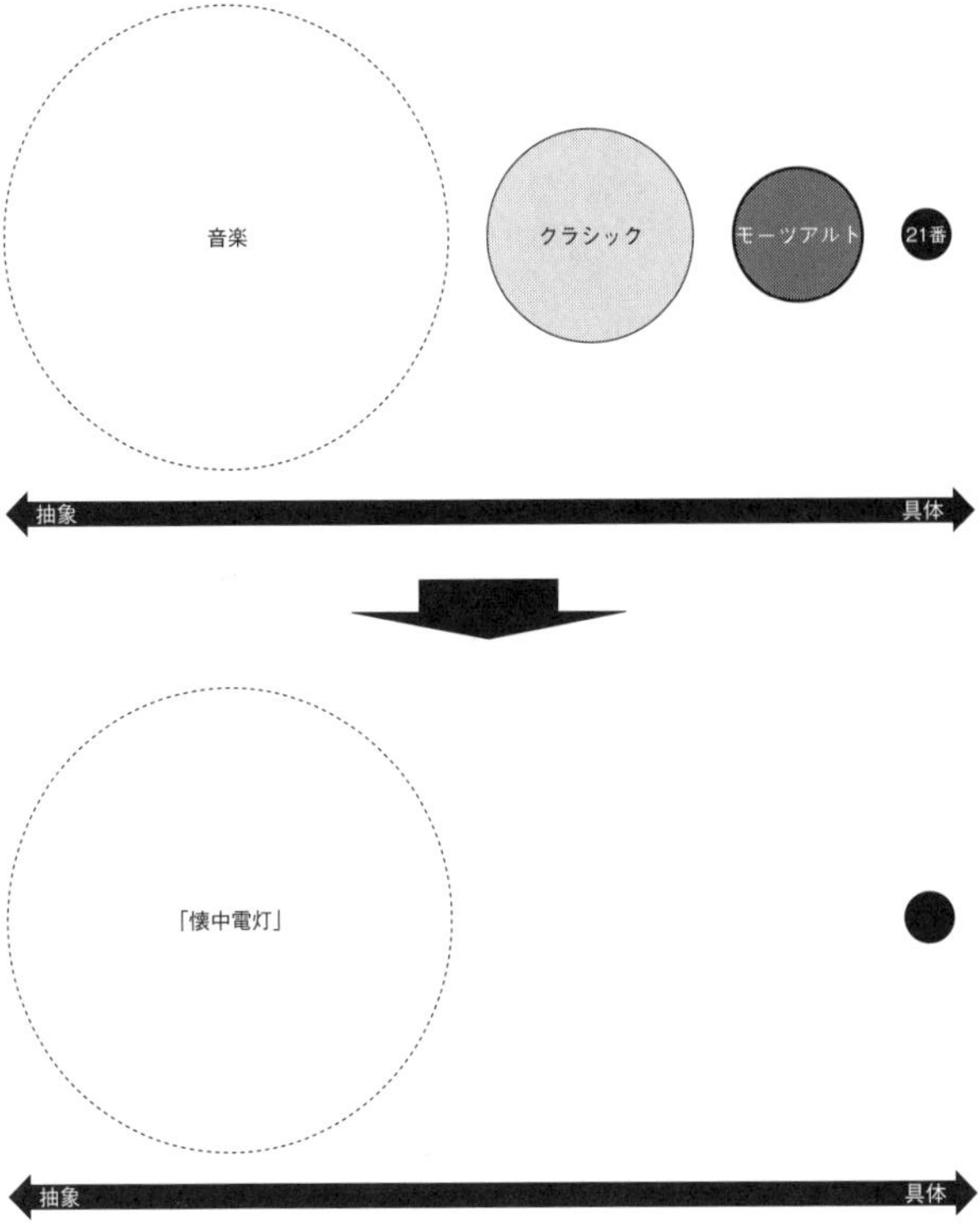

つまり、抽象（Yタイプのライト）が重要な場面というのは、「広い暗闇を探す場合の第一歩」であることがわかります。では一体私たちの生活や仕事の現場で「広い暗闇を探す場合の第一歩」とはどういう場面を指すのでしょうか？

最近よく話題になる「VUCAの時代」というのは「一寸先は闇」という点でまさにこれに相当します。

自己紹介の時にも初対面の人たちが多い場合といった形で「未知の世界へ踏み出す」場合には、具体的な事象や言葉ではなく、まずは抽象的な概念や言葉で視野を広げ、概要から入っていくとともに、そこで当たりをつけたのちに焦点をしぼりながら明るく照らしていくというステップを踏むのがよいことが、「暗闇でモノを探す」というイメージからわかってもらえるのではないかと思います。

ここからの4問は「具体と抽象」に関しての基本問題が続きます。「具体と抽象」のイメージを定着させたい人向けですので、具体と抽象の基本はできていると思う方は飛ばしてください。

問27　具体と抽象の関係②／基礎

次の言葉のペアは具体と抽象の関係になっています。具体がどちらかを選んでください。

①　A家具
　　B椅子

②　A楽しかったこと
　　B小学校の時に家族で行った北海道旅行

③　A週末にごみ拾いのボランティア活動をする
　　B地域活動を通じて社会に貢献する

④　A写真
　　Bアイコン

【解答】

具体は次の通り

① B
② B
③ A
④ A

【解説】

相対的にペアで示されているので、それほど難しい問題ではなかったでしょう。

このように「具体と抽象」というのは相対的な概念です。つまり例えば①の問題でいえば「椅子は具体でしょうか抽象でしょうか?」という問題は成り立ちません。「何に対して」がないからです。

例えば、①の問題のように、家具に対してであれば、具体ということが言えます。家具というのは椅子の他に机、テーブル、本棚等を総称したものだからです。逆に「例えば今目の前にある、うちの会社の経理部の部長の机の横に置いてあるA社製のその椅子」に対してであれば、一般名詞としての「椅子」という言葉は抽象概念を示していることになります。

このように個別のものを「まとめて一つの概念や分類」にすることが抽象化の最も基本的な考え方です。

この他、②にあるように、個々人が持っている個別の経験が具体だとすれば、それを大きな分類としての「楽しかったこと」や「つらかったこと」にすれば、誰もが共通して持っている経験の大分類として抽象化ができます。

また、③で出てきているのは「大きな目標」に対して「日々実行する手段」というのが具体ということになります。つまり「手段と目標（目的）」も具体と抽象の例になります。

④で挙げたのは、写実的なものの代表としての写真と、それをある特徴を基にデフォルメしたアイコンとの関係が具体と抽象の関係になります。このように抽象化とは、ある特徴的な属性に着目してそれだけを取り出し（文字通りの抽象）、その他は切り捨てることを意味しています。単純化と言ってもよいでしょう。

これらの問題で示したように、常に具体と抽象はペアとなって私たちの日常や仕事でコミュニケーションしたり行動のための指針を与えるという点で使えるものになっているのです。

問28　具体と抽象の関係③／基礎

次の言葉のペアは具体と抽象の相対的な特徴の関係になっています。
どちらが抽象の特徴を表現しているものを選んで下さい。

Q1：「抽象」にあてはまるのはどちらでしょう？
A実務家の実践　B学者の理論
Q2：「抽象」にあてはまるのはどちらでしょう？
A五感で感じられて「わかりやすい」　B五感で感じられず「わかりにくい」
Q3：「抽象」にあてはまるのはどちらでしょう？
A単純　B複雑
Q4：「抽象」にあてはまるのはどちらでしょう？
A一般性重視　B特殊性重視

【解答と解説】

Q1：B

具体と抽象の関係の一つの例が「実践と理論」の関係です。例えば「経営学」という学問を考えればわかりやすいでしょう。実践というのは、実際にビジネスの現場で商売をしている会社や、そこから商品やサービスを購入する顧客との一つひとつの取引が具体です。「100円でコンビニでウーロン茶を売買する」、さらにそのような取引の集合体としての企業そのものも具体的な活動の例です。

「経営学」とはこのような具体的な活動を一般化して特徴を抽出してそれを法則の仮説としてまとめ、それを多数のサンプルからなるデータを用いて検証することで理論化していく学問です。社会科学は多かれ少なかれこのように多数の活動を一般化した仮説を作ってデータで実証することで理論として確立する、というパターンが多く見られます。

自然科学の場合はそれが人間の活動ではない生物や無生物の物理現象が対象となりますが、基本的なアプローチは類似しています。理論化することの意味合いは、それによって一つの具体的な事象が次にどのような結果をもたらすかをある程度予想可能にすることです。過去の事象の積み重ねである程度それらがパターン化されていれば、毎回毎回違う失敗をせずとも「経験から学ぶ」ことができます。人類の進歩にもこのようなプロセスが大きく貢献しています。

Q２：B

具体というのは、目に見え、触ることができるといった五感で感じることができるものですから、誰でも簡単に「見る」ことができますが、抽象の世界はそうはいきません。動物が抽象概念をごく限られた範囲でしか扱えないことからもわかるように、抽象概念を操るというのは、高度な知的能力が要求されるものであり、「人間にできて動物にはできない」のと同様に、人間の中でも見える人と見えない人が出ます。つまり、万人が理解できるものではないのです。

Q３：A

抽象とは「多くのものの共通点を通じて『一つとみなす』」ことを意味しています。つまり、複数のものを「一緒である」とすることで極度の単純化を図ることになります。「日本人」という抽象化で１億以上の個体を「同じもの」と扱うことができたり、「リンゴ」という言葉で世界中のリンゴや過去に存在していたがいまは存在しないものまで、一つの言葉で表現することができるようになるのです。

逆に言えば、具体というのは「すべてが個別で一つ一つが異なっている」ことになります。このような関係から、抽象とは「単純化して一言で表現する」ことであり、具体というのは「複雑な事象をありのままにとらえる」という「単純と複雑」という関係になります。

Q4：A

先の問題で見たように、具体と抽象との関係には「特殊と一般」という側面もあります。したがって、普段から具体を見る傾向が強い人には「すべてが特殊である」という風に世界が映ります。この観点から見れば、ビジネスの世界でよく聞かれる「うちの業界は特殊だから」「うちの会社は特殊だから」という言葉は、物事を具体のレベルで見ているが故の発言と言えます。各々の会社や業界では、扱っている製品やサービスという具体的な商品は見た目のデザインやパッケージまで考慮すれば「すべて違う」ことになりますが、「規制が厳しい」とか「製品のバリエーションが売り上げの多寡に影響する」といったビジネスの成功要因のような抽象化したレベルの特徴であれば、まったく違う会社や業界であっても「同じである」という見方もできます。

すべてはものの見方次第、それも「具体と抽象のレベルの違い」から来る要素は大きいと言ってよいでしょう。

問29 具体と抽象の関係④／基礎

次のペアは各々が具体と抽象の関係になっています。どちらが抽象か選んでください。

Q1：どちらが抽象的表現でしょう？

Aミネラルウォーター

B飲み物

Q2：どちらが抽象的表現でしょう？

A

B

Ｑ３：どちらが抽象的表現でしょう?

Ａ昨日は雨が降り、今日は快晴になった

Ｂ夕焼けがでると翌日は晴れになる

Ｑ４：どちらが抽象的表現でしょう?

Ａ「若い世代はテレビよりユーチューブ」

Ｂ「いや、うちの高校生の甥はテレビばかり見ている」

Ｑ５：どちらがより抽象的な学問でしょう?

Ａ物理学

Ｂ数学

【解答&解説】

恐らくこういう形で問われれば、ほとんどの読者は「本問は、具体と抽象の様々な側面をとらえた問題」として考えるのではないでしょうか。各々がどのような側面なのかを解説します。

Q１：Ｂが抽象

まずは最も基本的な具体と抽象の関係は、個別事象に対してそれをまとめた分類という関係です。したがって、「ミネラルウォーター」「ウーロン茶」「コーラ」「ビール」といった個別の集合体と「飲み物」という関係です。

Q２：Ｂが抽象

写実的な写真はすべてを見たままに表現できます。これに対してそれをデフォルメして特徴を抽出したものが抽象という関係です。

Q３：Ｂが抽象

一つ一つの個別事象に対して、そのパターンを法則化したものが抽象という関係です。このような法則、あるいはことわざのようなものも、一つ一つの事象を一般化することである程度先が読めるようになります。これが抽象の一つの役割です。

Q４：Aが抽象

これもQ３と同様に、個別事例と一般論との関係です。SNSなどでよく見られる構図は、このような具体と抽象の違いが混同されて、かたや一般論、かたや個別事象で話すことで会話が全くかみ合わないという状況です。

会話がかみ合わないと思ったときにまずすべきことの一つは、各々の具体－抽象のレベルが相違していないかの確認と言えるでしょう。

Q５：Bが抽象

具体とは形があって目に見え、触ることができるもので、抽象はそれを概念化し、モデル化したものという関係です。物理学は実際に世の中に存在するものを対象としているのに対して、数学の扱う数字や図形や様々な概念はそれらを抽象化して一般化したものです。

問30 具体と抽象の関係⑤／基礎

次のペアは各々が具体と抽象の関係になっています。どちらが抽象か選んでください。

Q1：どちらが抽象的な発言でしょう？

A「前向きに検討します」

B「来週月曜までに来年度の開発予算を鈴木部長に承認してもらいます」

Q2：どちらが抽象を導く言葉でしょう？

A「要するに……」

B「例えば……」

Q3：どちらが抽象でしょう？

Aコンセプト

B設計図

Q4：どちらが抽象的な表現でしょう？

A「毎日1時間プログラミングの勉強をしている」

B「テクノロジーで世界を変えたい」

Q１：Ａが抽象的表現。ここでの具体と抽象の関係は。抽象がものの考え方であるのに対して、具体はそれを実行するための施策や行動を示すという関係です。抽象表現だけでは実行にはつながりません。

Q２：Ａが抽象を導く言葉。具体と抽象を往復するための言葉がこれら２つの言葉です。具体→抽象が「要するに」、抽象→具体が「例えば」という関係になります。

Q３：Ａが抽象。ここで取り上げる具体と抽象の関係は川上→川下という時間軸です。様々な仕事や作品というのは、抽象的なコンセプトから始まって具体性が上がっていくという順番をたどります。つまり、川上側が抽象で川下が具体です。建築物であれば、構想やコンセプトから始まって基本仕様から詳細仕様となって設計図となり、そこに材料が選定されて実際の物理的な構築物が出来上がるという順番になります。

Q４：Ｂが抽象。抽象とは長期的に考える大きな目標で、具体とはそれを実現するための短期的なアクションです。Ｑ１でも解説したように、実行に直接つながるのは常に具体的に記述されたアクションです。ただそれだけでよいかといえば、大きな目標があって初めて個々のアクションが有機的につながっていくという点で、両者がそろっていることが重要になります。

問31　**冠詞／基礎**

ＡＢどちらが具体でどちらが抽象を表したものでしょう？

Ａ　a desk（不定冠詞）

Ｂ　the desk（定冠詞）

【解答】

(A)：抽象

(B)：具体

日本人が苦手とする英語の分野の代表がこの不定冠詞（a）と定冠詞（the）の違いです。

ネイティブでない英語学習者が論文などを書いたりするときに最後まで悩まされる英語の冠詞についてですが、本章のトピックである「具体と抽象」を使って思い切りばっさりと定義してしまえば「"a"は抽象で"the"は具体である」ということになります。

もちろん、文字通りに不定冠詞とは「定まっていない」ものを意味して、定冠詞とは「定まっている」ものを表現するものということになりますが、この定義では今一つ何を言いたいのかがはっきりしません。

「具体と抽象」という概念を習得してきた読者であればいまやこの言葉を使って定義するのが最も簡潔かつわかりやすい表現になるのではないでしょうか。

This is a desk. とThis is the desk. の違いは、a deskとは「机というもの」という抽象概念を示し、the deskとは、具体的にイメージして思い浮かべることができる「A商事に勤める入社3年目のBさんが自宅でPC作業用に使っているまさにその机」（と情景が思い浮かべられる世界で1つの実態を伴った「あの」机）という違いです。

図20　「a」と「the」の違い

“a desk” のイメージ

“the desk” のイメージ

参考書的な定義に戻れば、定冠詞を付けるべき状況とは、例えば以下のようなものだとされています。

・前に使われた名詞
・状況から何を指しているかわかる
・修飾語で限定された名詞
・最上級
・序数
・唯一の物
・地名
（この他にもいくつもの例が続きます）

受験勉強では、このような（特に後半）の「具体的事例」を一つひとつ覚えることで対策をすることになったのではないでしょうか。

ただし実用的には、先の「抽象はaで具体はtheである」という理解だけで、おそらく9割方の状況には対応できるのではないかと思います。

まさに「原則の抽象、例外の具体」の事例ここにありというわけです。

また実は「例外」のように見えている事例についてもよく考えれば「具体と抽象」という関係で説明できるものがほとんどではないかと思います（例えば「唯一のモノ」も「地名」も結局は具体的にイメージできるものという解釈ができるからです）。

また具体と抽象に関する別の視点で先の冠詞の議論にもどると、もちろんこのあまりにざっくりとした定義は抽象化の限界である「多くの例外がある」ことから、具体派からの「いや、こういう場合はどうしてくれる」という反論が来ることが容易に予想されますが、そもそも「ざっくりと表現すること」の意図はそこにないことは後述の「原則と例外」や「ざっくりと詳細」の議論でお話ししますので、そこはご了承下さい。

（むしろこのような「ざっくりとした議論」をすることの功罪の具体例が本項の説明からもわかってもらえると思います）

問32 具体病と抽象病／応用

具体と抽象は両方を行き来することで思考の価値が高まります。次の各々の発言はそのどちらかが欠けている状態です。それらが

A具体のみで抽象の視点が欠けている（具体病）

B抽象のみで具体の視点が欠けている（抽象病）

のどちらかを判断し、どのようにすれば改善できるかを考えてください。

①「お客様に『少し値段が高いですね』と言われて５％の値引きをした」

②「私の趣味は映画鑑賞です」

③「先週は大変貴重なお話をありがとうございました」

④「うちの業界は特殊だから他の業界の成功例は参考にならない」

⑤「新しい技術を導入するのには先行している同業他社の事例が必須である」

【解答】

以下に各々がどちらなのかとその改善策のヒントを記します。

①は、(A)具体のみで抽象の視点が欠けている（具体病）

「値段が高い」と言われた→値下げする
「給料が安い」と従業員アンケートで多数派が答えた→昇給を検討する
「会議時間が長い」と言われた→時間短縮を検討する
「資料が厚すぎる」と言われた→薄くするよう検討する

このようなことは、ビジネスの現場で日々あらゆるところで見られるのではないかと思います。これらは典型的な具体病です。

「言われたことに具体レベルでそのまま反応する」だけで、そこに一切の考察や思考が含まれていません。このレベルの仕事であれば近い将来ＡＩが代わりにこなしていくことになるでしょう。

これに対して、すべて「なぜ？」を問うてみること、これが手段に対しての目的というある種の抽象化です。そうやって依頼主や顧客の真のニーズをつかむことで価値の高い仕事にできる可能性があります。


例えば「時間が長い」という意見が出た場合、それは単なる時間の問題ではなく、効率性が悪かったとか遊んでいる時間が発生したといったそれ以外の要因であることが多いので、単に時間を短くすることだけでは事態の解決にならない場合が多いのです。

続いてその応用として、②の「私の趣味は映画鑑賞です」を考えてみましょう。

②は、(B)抽象のみで具体の視点が欠けている（抽象病）

ということで、今度は逆に具体の視点が欠けている抽象病です。これは先の「音楽鑑賞」の問題で詳細を解説した通りなので、どうすればこの抽象病を克服できるかはもうおわかりだと思います。

③　「先週は大変貴重なお話をありがとうございました」

どうでしょう？　もうおわかりでしょう。この言葉、どこの誰にも当てはまるお礼です。聞いた方はうれしいでしょうか？

もちろんうれしくないことはないでしょうが、これをさらに具体化してこの人の先週の話ならではのお礼として「子供の頃に雪国にお住まいになっていた時の雪かきのご苦労の話、南国育ちの私には本当に目から鱗でした」と相手も自分もパーソナライズして表現を具体化すれば、相手との距離もぐっと近くなることでしょう。

つまり具体というのは「すべてが特別」という世界で、抽象度は上がれば上がるほど「皆同じ」ということになるのです。ここで次の問題にうつります。

④　「うちの業界は特殊だから他の業界の成功例は参考にならない」

これもビジネスの現場で業界を問わずよく聞かれる発言ですが、「具体の世界はすべてが特殊」であることを考えれば、このような発言が出ること自体、この発言者が具体的なレベルでしかものごとをとらえていないことを意味するのです。

抽象度を上げて会社や仕事を見てみれば、実は全く違うように見える他の業界や会社との類似点が見つかるはずなのです（具体例は、第5章の「アナロジー思考」の項目で紹介します）。

⑤「新しい技術を導入するのには先行している同業他社の事例が必須である」

これも新しい技術やプロセス等を導入する際によく聞かれる言葉ですが、①の例で出したように、すべてを「そのまま使おう」という具体病の人に見られる姿勢です。

そもそも新しい技術の導入例を真似したとたんに、それはもはや新しいものではないという自己矛盾に陥ります。先行事例を抽象度を上げて見てみれば、それは「誰もやっていないことをリスクを取ってやった」ということになるかも知れず、そうなると事例をそのまま真似するという具体レベルの真似は、抽象レベルでは真似にならないということになるのです。

問33 思考のための疑問詞は？／基礎

次の各々の質問は、就職の面接で聞かれそうな質問です。
これら6つの質問を①名詞一言で答えられる質問と②名詞一言では答えられない質問とに分けてください（これが実際の面接で聞かれても名詞一言で答えることはないでしょうが、「最低限必要な情報を挙げるとしたら」という前提で考えてください）。

A うちの会社をいつ知りましたか？
B ご自宅の最寄りの駅はどこですか？
C なぜこの会社を選んだのですか？
D うちの会社に入ったら一番やりたいことは何ですか？
E 今日はどうやってここまで来ましたか？
F 尊敬する人は誰ですか？

【解答】

① 名詞一言で答えられる質問：ABDF

② 名詞一言では答えられない質問：CE

これは具体的な回答例を考えてみればすぐにわかるでしょう。

(A)うちの会社をいつ知りましたか？

↓昨年

(B)ご自宅の最寄りの駅はどこですか？

↓二子玉川駅

(C)なぜこの会社を選んだのですか？

↓将来性に魅力を感じたから

(D)うちの会社に入ったら一番やりたいことは何ですか？ →サービス開発

(E)今日はどうやってここまで来ましたか？ →電車と徒歩で

(F)尊敬する人は誰ですか？ →祖母

といったようになります。

6つの質問がどんなことを聞いているのかを、いわゆる5W1Hで表現してみると、

A：WHEN

B：WHERE

C：WHY

D：WHAT

E：HOW
F：WHO

つまり、名詞一言で答えられない疑問詞は、WHYとHOWの2つであることになります。これらがまさに思考力に直結する2つの問いということになります。しかもこれらは先の具体と抽象を結び付けるものであり、具体を抽象にするのがWHYで、逆に抽象を具体にするのがHOWという関係になります。

つまりこれらの疑問詞は何かと何かの関係性を示すものなのです。

ここでいう「具体と抽象」の関係性の例としては、「結果と原因」「手段と目的」等が挙げられ、前者から後者につなげるのがWHYで後者から前者につなげるのがHOWということです。

反対に残りの4つのW（WHAT／WHEN／WHERE／WHO）は思考を促すというよりは知識を尋ねるための疑問詞であることは、これらを使った様々な質問を考えてみれば明らかでしょう。

皆さんは普段の生活の中でどちらを使うことが多いでしょうか？

思考力が得意な人は間違いなく普段からＷＨＹとＨＯＷを自問自答することが多いのです。

（残りの４つのＷは自問自答するぐらいならググってしまった方がよっぽど早く問題が解決することが多いのです）

問34　それは手段か目的か？／基礎

A～Eの各々の組み合わせを、図のように目的と手段の関係でつなげてください。最上位の目的を最初に持ってきて、そのための手段→さらにそのための手段…という形での階層関係を考えてみてください。

回答イメージ

最上位目的
↑
手段1
↑
手段2
↑
手段3
↑
手段4

①　キャリアプラン

A教育業界大手の会社でノウハウを身に付ける
B社会に貢献できる人間になる
C就活のノウハウを身に付ける
D教育アプリのベンチャーを起業する
Eサークルの先輩の就職体験談を聞く

②　飲食店経営

A開店資金を調達する
B海外で飲食店の修業をしながらお金をためる
C自然に囲まれた環境でレストランを開く
D食と会話で人々を笑顔にする
E理想的な空間と最高の食事を提供する

【解答例と解説】

例によって、「唯一絶対の解答」ではありませんが、最もオーソドックスと思われる解答例を示します（先の問題では「上位」目的という言葉から目的を上で手段を下の関係にしていましたが、読みやすさを考慮して手段↓目的と上下を逆にして表現します）。

① キャリアプラン

(E)サークルの先輩の就職体験談を聞く
←
(C)就活のノウハウを身に付ける
←
(A)教育業界大手の会社でノウハウを身に付ける
←
(D)教育アプリのベンチャーを起業する
←

(B)社会に貢献できる人間になる

②　飲食店経営

(C)自然に囲まれた環境でレストランを開く
←
(B)海外で飲食店の修業をしながらお金をためる
←
(A)開店資金を調達する
←
(E)理想的な空間と最高の食事を提供する
←
(D)食と会話で人々を笑顔にする

といったところでしょうか。

このように手段と目的の関係は階層的になっていて、あるレベルの目的は次のレベルの手段になり、また階層を逆の下向きにとらえれば、あるレベルの手段は1つ下位レベルの目的になっていることもあるということです。

したがって、手段と目的というのはあくまでも相対的な関係を表しているにすぎないわけであり、これらの関係は「具体と抽象」の関係の一つの具体例と言うこともできます。したがって、手段と目的の関係を常に意識することは具体と抽象を往復すること、ひいては考えることの恰好のトレーニングになります。逆の言い方をすれば、「思考停止」という状態は具体のレベルから抽象化ができていない状態、つまりこの場合は目的を見失って手段に走ってしまうという状態です。

失敗が多いと言われる情報システム導入のプロジェクトの成功事例で、ほぼ必ず出てくる成功要因として挙げられるのが「ＩＴは手段であって目的ではない」という言葉です。こんな「当たり前中の当たり前」のことが、なぜ多くのプロジェクトの成功要因として挙げられるのかと言えば、当たり前だが実践できていることがほとんどないことの証明となるでしょう。

普段の仕事でも全く同じです。例えば「情報を収集する」という行為は仕事においては手段であって目的であることは決してありません。たとえばそれが「情報を収集することを生業としている」ように見えるリサーチ会社でさえ、情報収集することは単なる手段であって最終目的ではありません。

目的を考えるとは、ある意味で「その後にどうするか」つまり「その後に使う人のことを考える」ことを意味します。したがって、顧客視点で考える、依頼主視点で考えることと根本的にはつながっています。「相手の立場で考える」というのは言い換えれば「その人が次に何をするか」を考えることであり、これがとりもなおさず上位目的を考えることにつながるというわけです。

日々の仕事においても先の例題のように、上位目的、そしてさらに上の上位目的を考えるといった形で「ＷＨＹ？」を繰り返していくことで仕事の幅が広がり、顧客をはじめとする依頼主の期待に応え、それを超えていくという形で仕事の価値を上げていくことができるのです。

問35 誰のせい？／応用

次のA～Fの事象の原因は①、②、③のどれだと思いますか？

①環境が原因
②特定の自分以外の誰かが原因
③自分自身が原因

Aコロナ禍による緊急事態宣言のせいでお店の売上が落ちた
B昨夜飲み過ぎたせいで今日の重要な打合せに遅刻した
C突然週末に入ってきた顧客からの電話対応のためにジムの予約をキャンセルした
Dうちの会社ではいくら頑張っても給料は上げられない
E上司が顧客の伝言を間違って伝えてきたので見積書の金額を間違えて提出した
F突然の台風のせいで半年間苦労して準備してきたイベントが（延期でなく）中止になった

【解答】

(A)〜(F)すべてについて、

①環境が原因とも言えるし、②特定の誰かが原因とも言えるし、③自分自身が原因とも言える。

もう皆さんはこの本の「手口」に慣れてきたので、十分に予想できた解答例かもしれません。要はものごとの解釈などいくらでもできるということです。

例えば、

(A)コロナ禍による緊急事態宣言のせいでお店の売上が落ちたですが、もちろん普通に考えれば特定の誰かのせいではなく「コロナ禍」という、ある意味アクシデントとも言える環境要因であると思う人が多いでしょう。ただしこれに関しても「緊急事態宣言を出した政府（首相や大臣）のせいだ」と考えることもできるでしょう。また、コロナ禍への対応（ネット販売等）が遅れた自分自身のせいだと考えることだってできます。

(B)はいかにも本人の責任だと思えるかもしれませんが、それだって「あそこで無理にもう1杯勧めてきたあいつが悪い」とか、そもそも忘年会をその日に設定した会社が悪いという環境のせいにすることだってできるのです。

(C)〜(F)については、すべて個別には取り上げませんが、逆にこれらを「練習問題」だと思って、すべての事象は①②③のすべての解釈が可能になることを検証してみてください。

改めて、すべて人生は解釈次第でいかようにも変わるということが理解できるでしょう。人生に起きる全てのことを「他人と環境のせい」にして生きるのと、「すべてが自分のせい」だと思って日々生活するのとでは、数年もすれば天文学的な差になることがわかるかと思います。

このように、ものごとは解釈次第で環境のせいにも他人のせいにもできるし、それを自分の責任であるとかんがえることもできるのです。

どれを選ぶかはひとえに各個人の選択にかかっています。現に(A)〜(F)のような事象は日々どこかで起こっており、そこではすべて3通りの解釈をしている人がいることでしょう。

ではどのような差が出るのかといえば、「すべて自分のせいだ」と考える人は、特に失敗した時や予定通りの結果が出なかったときに、それがすべて「なぜなのか？」という分析につながって思考回路が起動するとともに、改善策はどうしようかというＷＨＹ＆ＨＯＷという思考の問いかけが常に自分自身にされることになります。

対して「環境と他人のせい」と考えたとたんにすべての思考は停止するのです。本書はあくまでも思考力を上げるためのものですから、原則はたった一つ「常に自責であれ」ということです。

ただし、すべてを自分のせいにするという姿勢は、決定的にマイナスに働くこともあります。

それは、うまくいかないことが続いた場合にストレスがたまって、精神的につらくなるということです。したがって、精神の安寧を得たいときに限っては、「自分は十分頑張った。環境や他人のせいだ」と思うことで気が楽になることもあるでしょう。

ただしあくまでもこれは思考停止を意味し、自らの成長を止めることになることを理解した上で実行することが重要です。逆に言えば、リラックスしたいときや楽をしたいときには本書でいう「思考停止」を実践すれば良いということです。

思考力を上げるには時には（常に？）適度のストレスを自分にかけることは必要です。思考力を強化する道はそういうものなのです。言い換えれば、「最悪の環境」と「最悪の上司」は思考力を鍛えるためには絶好の機会となり、「最高の環境」と「素晴らしい上司」は思考停止の温床になりうることは覚えておいて損はないでしょう。

と、ここまでは何か悪い結果が出て改善が求められるような場面においてという前提条件下でのお話でした。逆にうまくいったり期待通りの結果が出た時には全く逆に自分のせいではなく他人や環境のおかげであると思うぐらいでちょうどよいのです。

これは人間が持っている「自己奉仕バイアス」という、失敗は他人のせいにして成功は自分の功績であるとみなすという思考の癖の矯正をするという意味も持っているのです。

第4章

フレームワーク

問36 なぜフレームワークか？／実践

他人にアドバイスをするときに重要なことは何でしょうか？

最も重要だと思われる項目を３つ挙げるとともに、その３つをどのように示せば説得力が上がるかを考えてください。

【解答】

ここでも実際に重要なことは「時と場合による」になると思います。

つまり、皆さんが挙げた項目は「すべて正解」です。

この問題で取り上げたいのは、実際に出された項目の良し悪しではなく、その「アイデアの出し方」と「見せ方（解答の仕方）」です。

以下の2つのチェック項目に答えてみてください。

①　(A)最初に頭に浮かんだ3つを答えたか、(B)4つ以上、できれば10程度の候補を挙げてから絞り込むというプロセスを踏んだか

②　(A)単なる箇条書き的にリストアップしたか、(B)何らかの「大分類」（例えば5W1H、「心技体」等）を併用して考えたか

このようなAかBかの思考回路は、普段の生活や仕事の場でも常に繰り返される各人の思考の癖と言えます。

Aは直感&主観型とでも言えるでしょうか。よくも悪くも思いつきで行動する猪突猛進型です。まさに猪突猛進のメリットとデメリットである、突破力があるというメリットと視野が狭く他人の視点や外部環境お構いなしというデメリットを併せ持つタイプです。

対するBは論理&客観重視型です。

常に大きな全体像を意識して冷静かつ客観的な視点を失わないタイプです（逆にデメリットは突破力が弱いことなのですが、本書の趣旨からそこはひとまず置いておきましょう）。

これらの違いは問26で示した「懐中電灯とレーザーポインターの違い」を思い出してもらうとイメージできるかと思います。

Bの視点を強化することが本書の目的ですので、ここではAと比べたBの視点のメリットを見るために、Bの視点でこの問題にどう答えるのか、その解答例を示しておきましょう。

フレームワークを用いることのメリットは大きく次の3点です。

図21　フレームワークを使うメリット

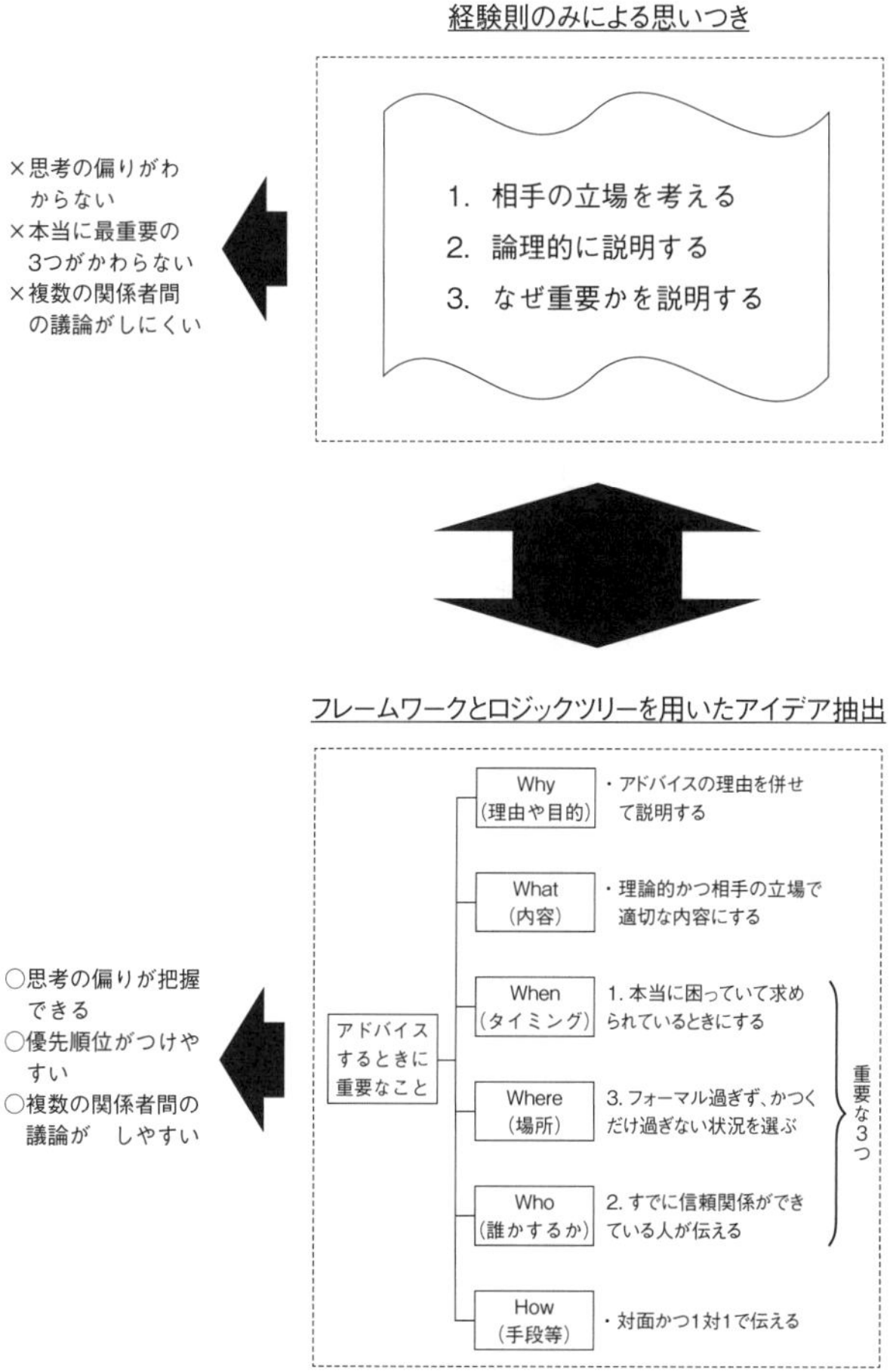
経験則のみによる思いつき
1. 相手の立場を考える
2. 論理的に説明する
3. なぜ重要かを説明する
×思考の偏りがわからない
×本当に最重要の3つがかわらない
×複数の関係者間の議論がしにくい
フレームワークとロジックツリーを用いたアイデア抽出
アドバイスするときに重要なこと
Why（理由や目的）
・アドバイスの理由を併せて説明する
What（内容）
・理論的かつ相手の立場で適切な内容にする
When（タイミング）
1. 本当に困っていて求められているときにする
Where（場所）
3. フォーマル過ぎず、かつくだけ過ぎない状況を選ぶ
Who（誰かするか）
2. すでに信頼関係ができている人が伝える
How（手段等）
・対面かつ1対1で伝える
重要な3つ
○思考の偏りが把握できる
○優先順位がつけやすい
○複数の関係者間の議論が　しやすい

①　自らの思考の盲点や濃淡を知ることができる

人はみな経験や立場による認知の歪み（バイアス）を持っています。これ自体は不可避のものですが、問題はこれを意識しているか否かです。意識している人は、自分の考えが良くも悪くも「偏っている」ことを認識しているために、必ず一度客観的な視点からその偏りを確認します。そのための恰好のツールがフレームワークです。

例えば上記の例の場合、Bの回答例を考慮するとAの回答例はアドバイスの重要性を考えるポイントがWHYやWHATに偏っていることがわかります。これは例えば若手の「理に勝った」コンサルタントに散見される思考回路です。実はアドバイスに必要なのは「求められている状況であること」（本人が困っていること）と事情をよく理解している信頼できる人から言われることが重要であることが多いですが、なかなか自ら気づくことは難しいのです。

前述の通り、これそのものが悪いというより、その偏りに気づいていないことが弊害をもたらすことが多いのです。SNS上でよくある「求められていない状況下での見ず知らずの他人からの正論」という「アドバイス」もこのような思考の偏りを意識していないことから生まれるのではないでしょうか。

② 聞き手との間で「共通の白地図」を共有することができる

論理的に説明することに必須の項目として、ロジックツリーを代表とする「共通の白地図」を用いることが挙げられます。「単なる箇条書き」というのは、バイアスを引きずったものであり、多くの場合話し手には自明のように見えることが聞き手と共有できていない独りよがりのものになりがちです。このような場合に、大きな外枠としての白地図を共有することが重要です（例えば土地勘がない人にお店の場所を説明するときに、いきなり「右に曲がって、左に曲がって…」という話をしても、聞いている方は何を言っているのかさっぱりわからないということになるでしょう）。

③ 前記①、②の結果として、複数の関係者の間での議論や優先順位付けがやりやすくなる

フレームワークやロジックツリーのような共通の地図上で議論をしないで、箇条書きベースでのアイデアのぶつけ合いはお互いの主張を言い合っているだけで建設的な優先順位付けの議論になりにくく、結局「声の大きい方が勝つ」という、その後の関係者間での納得感がない結論になりがちです。

そんな場合にフレームワークやロジックツリーを使った議論が役に立つのです。

問37 「訳のわからない課題」を出されたら…／基礎

「うちの会社（や部門）にブロックチェーン技術が適用可能かどうか調べて」皆さんが突然自分にとって土地勘がない領域のことを調べてまとめてほしいと言われたらどうしますか？「ブロックチェーン技術」や「うちの会社」は適宜自分が全く土地勘がない領域（「AI」でも「遺伝子技術」でも）に応用して考えてください。今回は３択です。最も重要だと思われる項目を挙げてください。

A：「よく知らない領域なのでできません」と正直に断る

B：まずはわかりそうなところだけ（言葉の定義や歴史、事例等）でもネット等で調べてから依頼主にその後のことを聞きに行く

C：まずは拙速でも良いのでざっくりと全体像を作ってから依頼主にその後のことを相談しに行く

【解答】　C

またしても「すべては時と場合による」が来るかと思った皆さんには期待外れだったかもしれませんが、この問題には「自分にとって土地勘がない」とか「適用可能調査である」という形で「時と場合」が含まれているので、少なくともこの場合にはA、BよりもCがベターであるという「模範解答」が示せるのです。

まずはここでの「時と場合」がどういう場合かを示しておきましょう。選択肢のA、Bに関しても時と場合によっては立派な正解です。

要は「自分や依頼主に土地勘がある領域」（ここでは「ホーム」とします）と「自分や依頼主に土地勘がない領域」（ここではホームに対して「アウェイ」とします）の違いで

図22　ホームとアウェイの違い

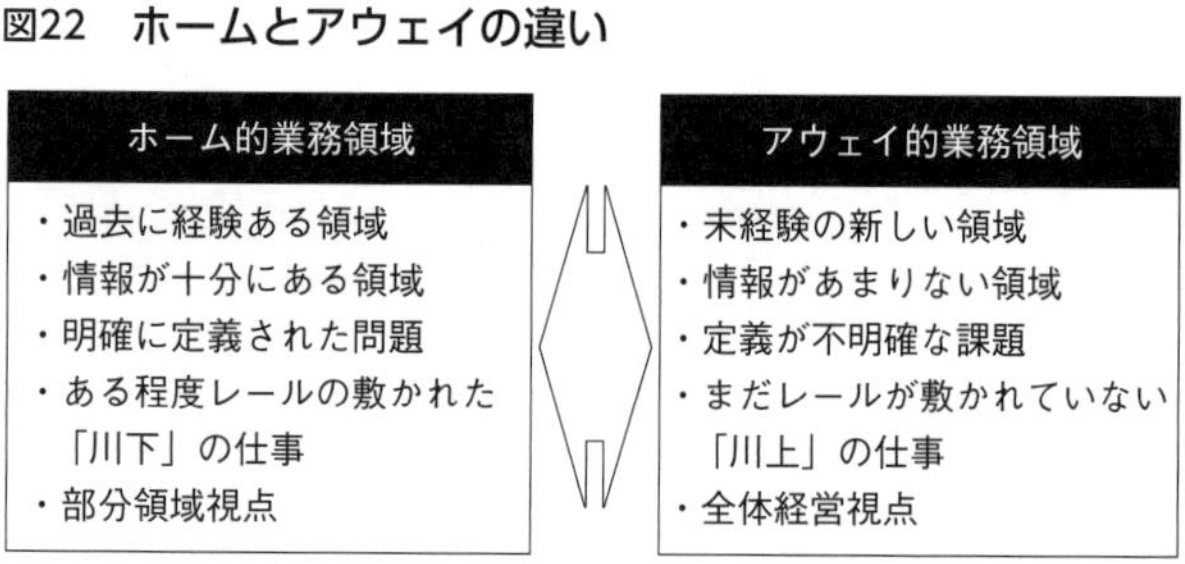

ホーム的業務領域	アウェイ的業務領域
・過去に経験ある領域	・未経験の新しい領域
・情報が十分にある領域	・情報があまりない領域
・明確に定義された問題	・定義が不明確な課題
・ある程度レールの敷かれた「川下」の仕事	・まだレールが敷かれていない「川上」の仕事
・部分領域視点	・全体経営視点

考え方や進め方を変えなければいけないのです。

これは第1章で述べたようなＶＵＣＡの時代に当てはまる状況と言えますので、このような「アウェイ」領域ではＡ、ＢよりもＣの方が求められる反応ということになります。

情報がないのになぜ「全体像」が描けるのか？

では次に進みましょう。情報がない領域ではざっくりと全体像を描くことが重要であるところまでは良しとしましょう。次の疑問は「情報がないのにどうやって全体像を描くのか？」ということです。いつもホームの仕事に慣れているほど、全体像を描くにはすべてのことを知らなければならない、つまり情報量が必要だと思い、この考え方自体が自己矛盾だと考える人もいるでしょう。

この謎を解くカギが、先にも述べた「具体と抽象」の考え方です。

要は「具体のレベルで全体像をつかもうと思ったら『すべてを知る』必要がある」のに対して、抽象のレベルでの全体像は「その領域のことをほとんど知らなくても全体像が描ける」という違いがあり、それが先の「アウェイ」の場面で役に立つのです。

「フレームワーク」がここで使える

では「抽象のレベルで全体像を描く」とはどういうことか？　それが本項のテーマである「フレームワーク」を活用することなのです。具体のレベルで考えれば個別の情報量を膨大に積み上げない限り「ブロックチェーンの適用可能性」の全体像を語ることなど不可能でしょう。

ただし抽象レベルで言えば、「○○の適用可能性を考える」ための「大項目」はどんなトピックでも「抽象化すれば同じ」になるのです。

では実際にこの場合はどのフレームワークをどのように使えばよいでしょうか？

例えばフレームワークの中でも汎用性の高く、前項でも取り上げた「5W1H」を活用してみます（図23参照）。どんな計画書であろうが基本的にはこれらの項目を押さえておけば「ざっくり全体像を描く」ことができます。

図23　汎用性の高いフレームワーク「5W1H」

○○の適用可能性（括弧内は具体的項目の例）

- Why（適用の目的）
- What（○○とはどんなものか？）
- Where（適用領域）
- When（適用場面）
- Who（担当組織、実施体制等）
- How（具体的な実現イメージ）
  - How long（スケジュール等）
  - How much（予算）
  - ・・・・（その他）

ではこのようなフレームワークを用いて「ざっくりと全体像を描く」ことが「アウェイ」における領域でどのように役に立つのかを考えてみましょう。

このように「ざっくりと」でも全体像を作ろうとしてみると、自分がその領域について「いかに理解していないか」「いかに情報が少ないか」がわかるでしょう。これは、「わかるところだけ項目を並べてみる」というアプローチでは絶対にできません。

つまり、フレームワークは自らの気づきを促すことができるのです。

さらに、このように「何がわからないか」がわかれば、次に依頼者に相談するときにでもこちらの質問のポイントも、相手の依頼者にとっても「なんの情報が追加で必要になるか」がわかってきます。これは特に情報が極端に少ないアウェイの領域で強力な武器になるのです。

問38　フレームワークを仕事に活かす／実践

最近、皆さんがした友人や知人（相手は1人または複数）との会話をいくつか思い出してください。

【メンバー間の会話のバランスについて】
・あなたが発言していた回数、時間と他の人が発言していた回数、時間はどちらが多かったですか？

【あなたの会話の内容について】
・過去の話、現在の話、未来（将来）の話のバランスはどうでしたか？
・ポジティブな話とネガティブな話とどちらでもない話のバランスはどうでしたか？

このような分析から、皆さんは自分自身の会話にどのような特徴があると思うでしょうか？

【解説】

例によってこの問題にも（当たり前ですが）「正解」はありません。

本問のポイントは、このような内容を、誰でも経験する知人や友人との会話においてどのように把握し、今後の人間関係や自らの成長につなげていくかということです。

また、そのためのツールとしてフレームワークをどのように役立てることができるかを共有することと、実はその使い方が本問のような状況以外の仕事全般にも汎用的に使えることを示すことで「なぜ」フレームワークで考える必要があるのかにつなげることが本問で共有したいことです。

それでは先の質問への回答をフレームワークを用いて表現してみることにしましょう。

まずは会話における自分の話と相手の話の比率です。当然会話の中にはそれ以外の会話（芸能人の話とかユーチューブの話とか）もあるでしょうから、ここでの「箱」は3つ用意しています。

こうしてみると、「自分の話ばかりしてしまっている」左側のような場合もあれば。図24の右側のように、「うまく相手の話を聞いたり引き出したりすることができた」場合もある

図24　自分の会話を可視化する

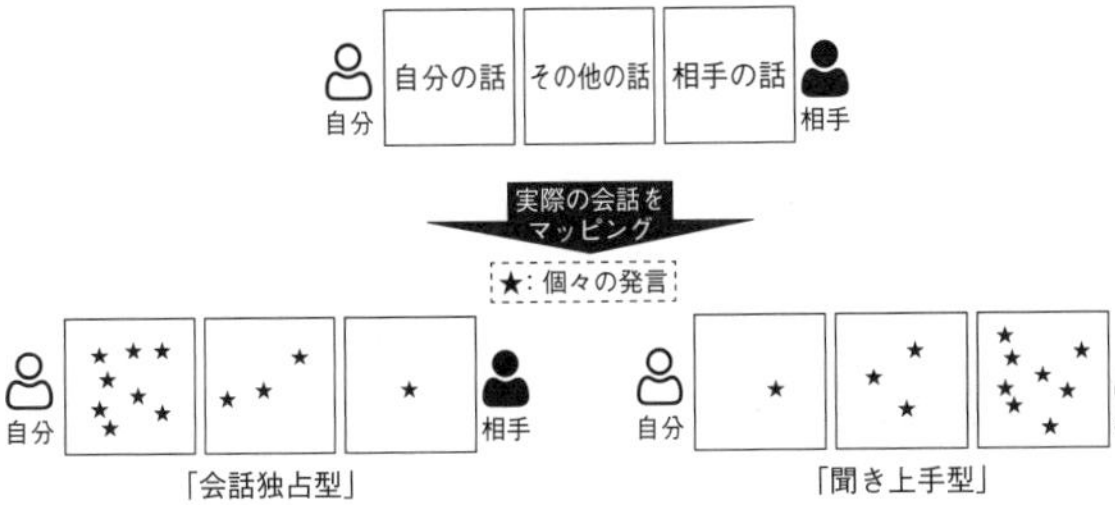

でしょう。往々にして左側の図のように会話を独占する（自己中心的な）人は（よほど話が面白くない限り）あまり好かれないのに対して、右側の図のように相手の話をよく聞いている人は単に聞き上手と思われるばかりでなく、なぜか（ほとんど話さずに相槌を打っているだけなのに）「会話上手」とまで言われたりします。

このような図で示されれば自分が会話を独占していることが明らかに可視化されるわけですが、「自分の話ばかりしてしまう人」が意外にそのことに気づかないのは、そういう人たちの思考回路が自己中心的であるがゆえに図25のように「自分が世界の中心である」という形になっていながら、そのことに気づけないのです。

このように、自分を客観視して自らの発言や行動、あるいは思考の偏りに気づくためにフレームワークは存在します。

図25　周りが見えていない

図26　自分の話の偏りに気がつくために

このように自分の行動をフレームワークにマッピングすることで自分の思考の癖を把握し、その後の行動につなげていくことをさらに先の会話の例の他の質問で実践してみることにしましょう。今度は自分の発言にしぼって、その内訳がどのようになっているかを分析してみることで自分の思考の癖を把握してみます。

例えばポジティブな話とネガティブな話のどちらが多いのか、過去の話と現在の話と未来の話といったものを図26のような形で整理してみれば、自分の話の意図せぬ偏りに気づくことになるでしょう。

例えば先の例のように「自分の話ばかりになっていないか」という自省のように、ネガティブな話（愚痴や不満）ばかりになっていないかとか、「過去の成功談」（≒自慢）が多くなっていないかといった客観的なチェックができるようになります。

さらにこのようなフレームワークはプレゼンテーションやスピーチ、あるいは就活の面接等の場においてどのように会話を設計するかにも用いることができるでしょう。単に思いつきで会話をつなげていくのはよほど話術のうまい人でもない限り難しいと言えます。そこで事前にある程度の作戦＝設計図を描いていけば、全体のバランスをうまく取るとともに、終わってから「あっ、○○の話するの忘れた！」といったミスを最小限に防ぐこともできるでしょう。

例えば自己紹介を考えるうえでも思いつくままに項目を列挙するのに加えて、「過去→現在→未来」という流れを意識すれば、バランスが取れた自分像を改めて考えてみることができるでしょう。もちろんそこで「やはり現在（将来）のことを中心に話そう」という判断をするのは全く問題ありません。ただし、思いつくままに列挙した結果、あまりに過去に偏ってしまったといったような意図しない思考の盲点を探すのには、間違いなくフレームワークの利用が貢献するはずです。

要は、「偏っていること」が問題なのではなくて、「偏っていることに気づいていないこと」が問題なのであって、そのことに気づくのがフレームワークであるということです。

フレームワークとはこのような目的のために活用すべきものです。本書でもいくつかのフレームワークを紹介していますが、ぜひ様々な仕事の場面で活用してみてください。

第5章

アナロジー思考

問39 アナロジー思考とは／応用

アナロジー思考とは、一見関係なさそうに見える世界に共通点を見出し、片方の世界で起こっていることから他方の世界への学びを得ることです。次の2つの問題を考えてみてください。

1-① 二世○○（タレント、政治家、経営者）が①得をしていることと②損をしていることを挙げてください。

1-② このような構図が日常生活やビジネスで同じように当てはまっていることはないか、考えてください

2-① 「一発屋」と言われる人（歌手、芸人等）が①得をしていることと②損をしていることを挙げてください。

2-② このような構図が日常生活やビジネスで同じように当てはまっていることはないか、考えてください

【解答例と解説】

まず1番目の題材の「二世○○」から考えていきましょう。

まず得をすることですが、これは簡単に出てくるでしょう。

多くの人は新しい世界で最初のチャンスをもらうのに大変な苦労をします。役者が役をもらうのに何度もオーディションを受けたり、就活生が数えきれないほどのエントリーシートを企業に送る中、二世○○は親のコネクションを使ってスイスイと（かどうかは本人たちに聞いてみないことにはわかりませんが）世の中を渡っていきます。

多くの人たちが自分の名前を覚えてもらうのにすら大変な努力を強いられるのに対して二世○○は既に影響力のある人たちに「あ、××さんのお子さんね」の一言ですぐに覚えられる存在となっていくことでしょう。政治家でいう「ジバン・カバン（お金）・カンバン」という、選挙に勝つために必要な三要素と俗に言われているものも、親が有名な政治家であれば苦労することなく（これも当人は何と言うかはわかりませんが）手に入れることができます。

次に損をすることも考えてみましょう。先ほどの括弧書き2か所でも敢えて追記しましたが、恐らく二世○○が苦労していると想像されることは、何をやっても「親の七光り」だといわれて、本人が努力していることなど、さほど周りの人からは認めてもらえないことでしょう。もちろんそうでない一般の人で同じ土俵で戦っている人から見れば、そのような発言は「所詮おぼっちゃま（お嬢ちゃま）の戯言だ」のレベルだと思われるかもしれませんが、人知れずしている努力も全く評価されないのはつらいこともあるでしょう。

次に「一発屋」についても考えてみましょう。

「立派な親」を「大ヒット作品」と置き換えてみれば、構図として同様のことが言えるのではないかと思います。「大ヒット作品」はその後の「顔パス」となり、いちいち説明しなくても「あの□□の××さん」だけで説明が要らないというのは、このようなヒット作品を持っていない人からすると垂涎の的となるでしょう。

ただし、もちろんこれによって損をすることもあります。それは（これも想像の域を出ませんが）以下のような状況においてです。一発屋の人もいつまでも代名詞のように「あの□□の」から卒業して新たなヒット作を模索したくなることがあるでしょう。ところが周りがそれを許してくれません。例えば一発屋の歌手が「今日は新曲を歌いたい」といっても、「いやいやお客さんは大ヒットの□□を期待していますから」と結局はその呪縛から逃れられなくなってしまうことが容易に予想されます。

これらの2つの事例をさらに抽象化・一般化して考えてみましょう。

一見異なるこれらの人たちに共通して言えることはないでしょうか？　二世〇〇でいう「親の七光り」が「一発屋」における「ヒットしたもの」と同じような影響を及ぼしていることがわかるでしょう。

両方とも「世に出るための手段」としては、持っていない人に比べて圧倒的な強みになるという半面で「一度世に出てしまった後」には、時に強力な「重荷」にもなりうるということです。

二世〇〇がいつまでたっても「親の呪縛」から逃れられないのと同様に、「一発屋」も強烈なヒット作品が「次の新たな路線」を歩む場合には強烈な呪縛となってのしかかるというわけです。二世〇〇にとって一つの成功基準は、最初は「〇〇さんの子供」と言われていた状態から、親世代を知らない若手世代の人たちから「あっ、〇〇さんってあなたの親御さんだったんですか」と言わせることで、いわば「親子を逆転させる」ことではないでしょうか。

これは一発屋でも同じことで、二発目のヒットを出すことで新しい世代のファンから「あっ、昔流行った××もあなただったんですね」と言わせることが一つの成功基準と言えるでしょう。

では「金持ちの親」にも「一発ヒット」にも（幸か不幸か）縁のない一般市民やビジネスパーソンにどのようにこの話が関係するのでしょうか？　そこまで大きな話ではないにしても、自分を売り込むための実績（○○大会で優勝したとか、ベスト○になったとか）といった「成功体験」が全く同じような役割を私たちの人生で演じていると言えることはないでしょうか？

あるいは大きな影響力を持った友人・知人も同様です。一度そのような人間関係に入ると、ある世界で生きていくには強力な後押しとなる半面で、人生をリセットして新しいことを始めたいと思った場合に時として友人関係もリセットした方がよいという場面だってないでしょうか。「名家の生まれ」や「高学歴」といった人に羨まれるものだって、時には重荷になることだってあるでしょう。

高いブランド力を持った商品の営業担当も似たような思いをするのではないでしょうか。苦労をしてお客様と信頼関係を築いてやっと商品を買ってもらっても、「あれだけブランドがあるものなら黙っていても売れていくから誰がやってもできるよね」という暗黙のプレッシャーがあったりするのかもしれません。同様に有名な会社の子会社についても「会社名で仕事をしている」と思われる場面も多いのではないかと容易に想像できます。

このようにすべての「資産」は負債にもなり得るし、逆もまた真であることが二世○○や一発屋の生きざまから学ぶことができるのです。

問40 アナロジークイズ①／応用

アメリカのコメディアンのフレッド・アレンが残した名言に「有名人とは、人に知られるために生涯働き通し、その後は人に気づかれないようにサングラスをかける人のことである」というものがあります。

ある意味で「目立ってなんぼ」の有名人を目指して何年も努力して、その夢が実現した暁にはたどり着いた先が皮肉にも「目立たないようにする」人生だというのです。

このように、例えば次のような「目的に向かっている途中」と「目的を達成した後」である意味行動が正反対となり、「あこがれた先にたどり着いてみたら、そのデメリットを打ち消す方向になる」ことになる構図が他にもないか、考えてみてください。

・新興国と先進国
・新興スタートアップ→大企業
・子ども→大人

【解答例と解説】

1つ目の事例として新興国と先進国を取り上げてみましょう。いま世界中で環境問題が話題になって、化石燃料を減らそうとかプラスチックを減らそうといった話が話題になっていますが、いま聖人君子のように環境問題を語っている先進国も、元をたどればさんざん環境を破壊し、自然を犠牲にして便利さを手に入れてきたことは棚に上げています。

これはまさに先の「有名人」の事例と同じ構図になっています。

とにかく経済成長を遂げて豊かになるためになりふり構わず突き進んだ結果行き着いた先が、「なりふり構わない経済成長に疑問を呈する」という姿勢なのです。

軍縮についても全く同じ構図があてはまると言えるでしょう。核兵器を廃絶しようとする運動をリードするのが、核兵器を保有している国だというのも大変皮肉なことです。国際社会における発言力と軍事力に強い相関があることは、(公には認めたがらない人は多いでしょうが) 現実的に否定することはできないでしょう。ところが、いざ発言力を持った国は往々にして軍縮を唱えます。

新興スタートアップは、何とかして売り上げを増やして成長し、「立派な上場企業」を目指すわけですが、その結果上場基準を満たすために大量のルールを作り、会社を有名にして有名大学からの採用を増やした結果、「寄らば大樹」の学生が増え、ハングリー精神がなくなって大企業病に陥るのを嘆くという構図になります。

ただし、これも考えてみれば先の「有名人」の事例と同じ構図です。例えば、有名な会社であればあるほど、不祥事等を起こした場合の「世間の風当たり」が強い分、すべてにおいて慎重になるためにチャレンジ精神がなくなってくるといった具合です。

子供→大人についても、一生懸命勉強して常識を身に付けて「立派な大人」になった結果「常識にしばられたつまらない」になり、いつのまにか子供のころに「ああはなりたくない」と思った大人になってしまっていることに、後から気づいてしまった人もいるのではないでしょうか。

このように、人の行動はしばしばその置かれた状況やフェーズによって「180度言動が変わる」ことがあり、それはある意味で必然的な結果ということになります。人の行動は常にその環境や制約条件によって規定されるために、不可解な行動や相容れない価値観に出合った場合には、「なぜそうなっているのか」と相手の置かれた状況や制約条件に思いをはせてみることで、視野を広げて考えてみることができるのではないでしょうか。

問41 アナロジークイズ②／応用

次の問題の解答として当てはまるものをA～Dの選択肢から選んでください。

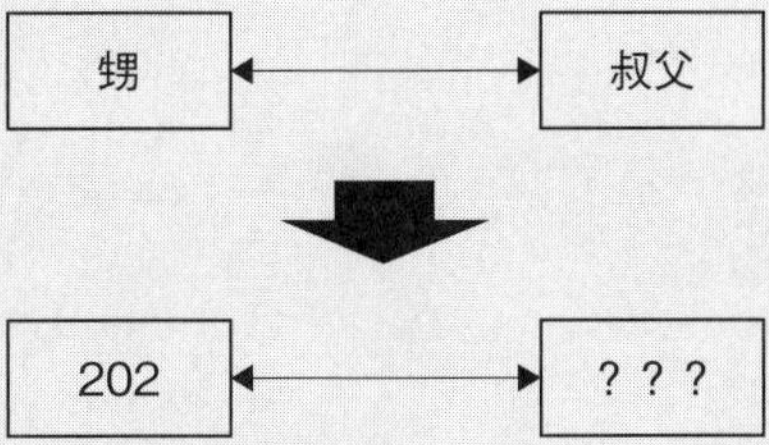

A：22　B：204　C：303　D：4040

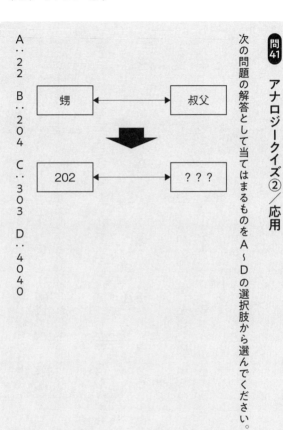

【解答&解説】

例によって、この問題にも唯一絶対の正解があるわけではありませんが、本問はアナロジー思考の考え方を示すための問題ですので、その観点での「正解例」を示します。

ここではCの303がアナロジー的発想から導かれる解答です。

もうおわかりの読者も多いかもしれませんが、図27でその理由を解説しておきましょう。

家系図で示すと「甥と叔父の関係」は甥の側から見ると「直上（父母のどちらか）の横（弟）」という関係が成り立ちます。つまり、何らかの形での「202の直上の横」を選択肢の中から探せばよいということになります。

202という数字から、多くの人は「部屋番号」を思い浮かべるのではないでしょうか。アパートやマンション、あるいはホテルの202号室の「直上の横」という関係から当てはまる数字は選択肢の中では「303」という1つしかありません。

これがアナロジー思考のイメージです。事象間の関係を抽出し、その関係性のみを全く異なる事象に当てはめることで「穴埋め問題を解く」というイメージです。つまりこれは本書で述べている抽象化思考の典型的な応用例ということになります。目に見える表面的な類似

図27　アナロジー思考のイメージ図

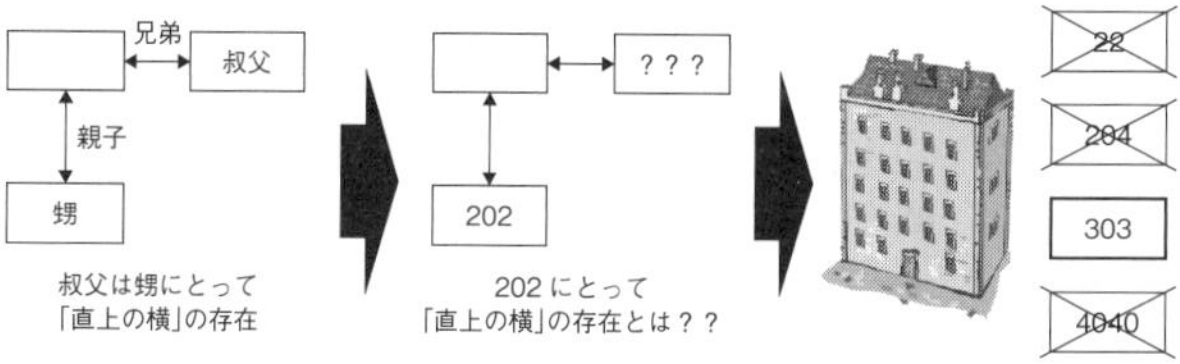

性ではなく、目に見えない関係性という抽象化されたものの類似性から発想するということです。

アナロジー思考は、「事象間の関係性を抽出する」という抽象化の産物である以上、本書で繰り返し述べてきているように、唯一絶対のやり方があるわけではなく、抽出の仕方そのものが恣意的です。したがって、先に「正解」であると示した答えとて、「唯一絶対の正解」ではありません。

例えばどこかの甥と叔父の身長差が4cmだったとしましょう。そうなれば「甥より4（cm）大きいのが叔父である」という「関係性」から、「206」という解答が得られるかもしれません。もちろんこの例では特定の人にしか当てはまらないものと多くの事例に適用できるものという違いで、先の303という解答の方が圧倒的に説得力はあるとは思いますが、決して206という解答が誤りであるということは言い切れません。
だからといって今度はあまりに汎用性のある関係でもアナロジーとしては有効ではありません。例えば「甥－叔父」の関係を「両方とも人間という同類同士の関係」としてしまえば、202の相手も「数字であれば何でもよい」という結論が出かねませんが、それは先の「人間同士」という関係性は「親子関係」「兄弟関係」「従兄弟関係」「友人関係」「師弟関係」等、およそ人と人との関係であればなんにでも当てはまってしまうからです。

最後にこの問題を見て問題22「ショートケーキの日」の問題を思い出した読者の方は、抽象化の発想が完全に身についていると言えるでしょう。「カレンダー」と「建物の間取り」を抽象化すれば、実はこれらは「同じ問題」であったことが分かると思います。

ここまで本問を例として述べてきたアナロジー思考の特徴を整理しておきましょう。

・事象間の関係性を抽出してそれを全く異なる世界のものに当てはめることで新たな知見を得る
・抽象化のやり方は必ずしも1通りとは言えないが、多くの人が納得する共通点を見出すことができる

・それはあまりに特殊過ぎてもいけないが、あまりにすべてのものに当てはまるものであってもいけない

問42 攻めと守り／実践

スポーツやビジネス等、およそ勝負や競争というものがある世界においては「攻め」と「守り」が存在します。野球やアメリカンフットボールのように、攻めと守りが担当する人も含めて明確に分かれているものもあれば、サッカーやバスケットボールのように、攻守の区別が曖昧で、それらがめまぐるしく入れ替わるもの、あるいはバレーボールやテニスのように攻めと守りが異なるステップで構成されているものなどがあります。

それら攻守の位置づけは異なるものの、攻めと守りには共通する必要な考え方がありますので、それらについて考えてみましょう。次のような形で、「攻めは○○だが、守りは××だ」という形で、各々の対照的な考え方を列挙してください。

例：

「攻めは失敗が許されるが守りは失敗が許されない」

「攻めは派手だが守りは地味である」

このような対比となるものをスポーツや歴史上の戦い等を対象に考えたうえで、それがビジネスや日常生活においてどのように適用できるかを考えてください。

【解答】

スポーツということで、野球やサッカー、あるいはテニスやバスケットボール等の例をいくつか考えてみましょう。

はじめに問題中に例で挙げたものから見ていきましょう。

「攻めは失敗が許されるが守りは失敗が許されない」

野球でもサッカーでも、一般にこの傾向は見られます。要は守りというのは「うまくやって当たり前」だと考えられる場合がほとんどではないでしょうか。半面、攻めというのは、周囲も「何度かに一度うまくいけば御の字」と思っているので、一度や二度の失敗で立ち直れないほどのダメージを受けることは少ないでしょう。

これに関連しますが、「攻めは合格点が低いが守りは合格点が高い」ことも挙げられます。野球の打者でいえば、「３割バッター」というのは一流打者の代名詞ですが、これとて所詮「10打席のうちたったの３回」しかヒットを打っていないととらえることもできます。これは「10回のうち一回でもエラーをすれば大ブーイングが起きる」守備とは対照的です。

これはサッカーのストライカーとキーパーとの関係でも全く一緒と言ってもよいでしょう。

このことは結果として次の違いにつながります。

「攻めはうまくやると賞賛を浴びるが、守りは失敗すると非難される」

さらに攻めと守りの構図は図28のような違いも生み出します。

図28 「攻めは『一点突破』を目指すが守りは『全方位』を対象とする」

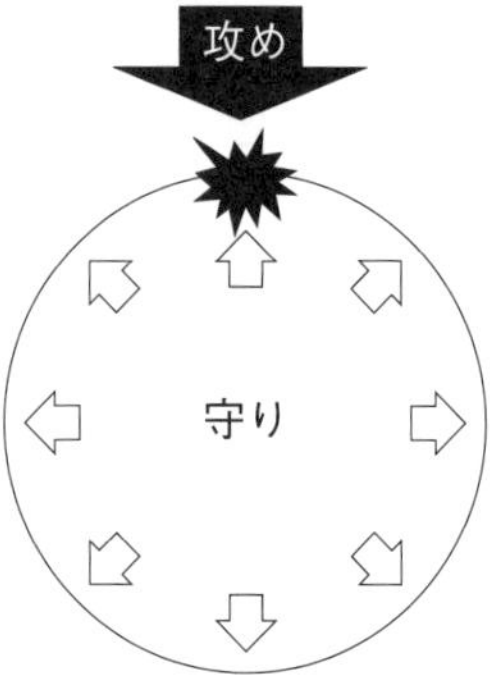

戦いの場所はどこか一点で始まるわけですが、これに関しても攻めと守りのスタンスは異なります。攻め側は自らその一点を決定できるので文字通り一点集中で良いわけですが、守りはその一点を決める決定権を持っていないので、結果として「全方位を固める」（最も弱いところを強くする）ことが求められます。

攻めは「リソースの集中」が重要だが、守りは『バランス』が重要

上記の結果として「ヒト・モノ・カネ」といったリソースの使い方も異なってきます。「最も強いところがその強さを決める」ために一点突破を旨とする攻めでは、いたずらに分散するよりも集中投下する方が（リスクも大きくなりますが）効率良く投資ができるのに対して、「最も弱いところがその強さを決める」ために全方位を対象とせざるを得ない守りでは、おのずとバランスを考慮したリソースの投入が必須となります。

攻めは能動的だが守りは受動的である

攻めというのは基本的に「自分から仕掛ける」のに対して、守りは相手の攻めに応じて受動的に動くことが一般的です。先の「リソースの集中と分散」の関係もこの構図が強く影響

図29　VUCAの時代には、「攻め」のイノベーションが求められる

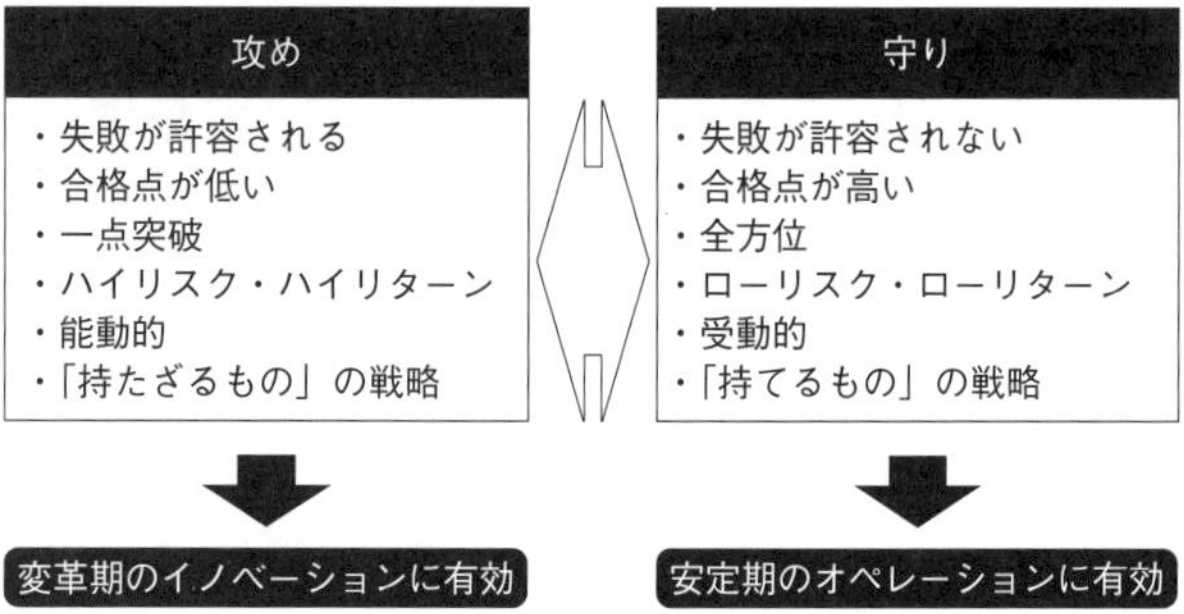

攻め	守り
・失敗が許容される	・失敗が許容されない
・合格点が低い	・合格点が高い
・一点突破	・全方位
・ハイリスク・ハイリターン	・ローリスク・ローリターン
・能動的	・受動的
・「持たざるもの」の戦略	・「持てるもの」の戦略

変革期のイノベーションに有効	安定期のオペレーションに有効

しています。ここでも攻めと守りでは「頭の使い方が違う」ことがわかります。

いかがでしょうか？　このように「攻め」と「守り」では根本的な考え方や価値観が180度異なっていることも多いのです。

これをビジネスにおける考え方に適用してみれば、ほぼそのままイノベーション（攻め）とオペレーション（守り）の違いにも当てはめられることがわかります。ところが実際にはこれらがごちゃ混ぜになっており、イノベーションという攻めの発想が求められる場面でも、守りの発想で取り組まれるという矛盾が数多く発生しています。それは「失敗の許容度」であったりリソースの投入方針といった形で顕

在化します。

ＶＵＣＡの時代には攻めのイノベーションの考え方が求められる場面が増えてきているために、安定したオペレーション時代の「守り」の発想で対処しては良い結果が得られないのは自明のことであるにもかかわらず、実際の現場ではこのような滑稽とも思われるような「股裂き状態」が散見されます。

例えばバリバリの「専守防衛」型の大企業が新規事業で攻めに行くような場合です。このような場合に、それを大企業病という言葉で片づけることは必ずしも適当ではありません。「攻め」と「守り」が生まれるのは基本的に「持つもの」と「持たざるもの」の間だからです。持つ人はすべからく守りの姿勢に入らざるを得ないのです。ベンチャー企業が常に攻めの姿勢でいられるのは、ひとえに（良くも悪くも）「何も持っていないから」に他ならないのです。

ここまでの違いを図29にまとめておきます。

さらに、このように考え方を適用してみるとサッカーにおけるＰＫ戦は、実は「攻守」が完全に逆転していることがわかります。

ＰＫ戦において

・「失敗が許されない」のはキッカーとキーパーのどちらでしょうか？
・「うまくいくとニュースになるのは？」「失敗するとニュースになるのは？」どちらでしょうか？
・リスクを取って「ダメ元」の姿勢で「一か八かで動く」のはどちらでしょうか？

いかがでしょうか？　一般にはＰＫ戦もそれまでの通常の戦いと同じように、蹴る方が攻めて止める方が守っているように見えるかもしれません。ところが心情的には完全に攻守が逆転していることがわかります。同様の逆転は、野球においても一見「守りの側」にいるように見える投手と、一般的に「攻めの側」にいると思われる打者の間においても起こっていることもわかるでしょう。

「徹底的に相手の動きを見て、相手が蹴ってから動く」という受動的姿勢だったキーパーが、「動きを読んで相手が蹴る前に一か八かでどちらかに先に動く（物理的に動くのは後かもしれませんが、心の中では先に動いている）」という能動的姿勢にものの見事に転じている、このような姿勢はビジネスや日常生活においても「同じ人でも場面が違えば全く違う価値観で動くことができる」という「攻守逆転の発想」ということで役立てることができるのではないでしょうか。

問43

アナロジークイズ③／応用

「検索エンジン」と「おもちゃ」のビジネス上の共通点は何でしょうか？

【解答】

「使う人」と「お金を払う人」が違う

本問の解説に入る前に、このようなビジネス上のアナロジーを考えるうえでの一般的な考え方のポイントをいくつか解説しておきましょう。

① 唯一の正解があるわけではない

本書で繰り返し話しているポイントです。当たり前ですが、問題の2つのビジネスの共通点は1つではありません。例えば

・顧客が人間である
・地球上でビジネスをしている
・男性も女性も使う
・法令に準拠しなければビジネスを続けることはできない

と挙げればいくらでもできますが、「そんなこと当たり前だろ！」という声が聞こえてきそうです。ではこれらの共通点はなぜ挙げてもあまり意味がない（本問題の解答としてはふ

さわしくない）のでしょうか？

これはすぐに考えればわかると思いますが、要は先に挙げた項目はいずれも「ほとんどの会社にも当てはまる」共通点だからです。これは「共通点を抽出する」という抽象化の根源的な性質に結びついています。このことが次のポイントにつながっていきます。

② なるべく「その2つに固有」の共通点を探す

①で挙げた「当たり前」事例の逆を考えればこれは自明でしょう。ただし、似たようなクイズやなぞなぞを出されたときに私たちは無意識のうちにこのような姿勢をとっているはずです。したがって実際には「顧客が人間である」といったバカげた答えを思い浮かべた人はほとんどいないのではないかと思います。

③ ただし、完全に「その2つだけ」の共通点だと応用が利かない

ここが少し難しいところですが、そもそもアナロジーというのは、応用を利かせるために活用するものなので、世界中でその2つだけしか当てはまらない共通点を探し出しても、他への応用が一切利かないことになりますので、そのあたりのさじ加減をうまくやるというの

がアナロジーの秘訣です。

ここで再度思い出してほしいのが「懐中電灯とレーザーポインター」の関係です。広すぎると刺さりが弱くなり、狭すぎると適用範囲が狭くなります。これらをバランスしたところが「ちょうどいい塩梅」の共通点の抽象度ということになります。

前置きが長くなりましたが、本問の解説に移ります。

Googleを代表とする検索エンジンと、おもちゃのビジネス上の共通点ですが、解答で示したように、使う人（ユーザ）とお金を払う人（顧客）が違うことです。

ご存じのように検索エンジンのビジネスは主として広告料金で成り立っています。したがって、世界中に何億といる検索エンジンユーザのほとんどは毎日何度もこのサービスを利用しているにもかかわらず一切の料金を支払っていません。

それは、その検索頻度を向上させて広告価値を高めることにより、広告のスポンサーが広告料を支払うことでこのビジネスが成立しているからです。

ではおもちゃはどうでしょうか？　これはあくまでも小さな子供用のおもちゃを前提としていますが、こちらも実際におもちゃを使う子供たちには支払い能力がないので、大抵の場合は親や親戚といった大人たちがその代金を支払っています。

つまり、これらのビジネスの購買決定要因を考えるうえでは、「2種類の利害関係者」のことを常に考えておく必要があるのです。もちろん多くの面でこれら2者の利害関係は一致する（多くのユーザが使えば広告主は喜ぶし、子供が楽しめるおもちゃを与えれば親も楽ができる）わけですが、時としてこれらの利害関係が一致しないこともあります。広告であれば当該ブランドイメージに反するようなサービス、おもちゃであれば教育上良くないものなどがこれに相当します。

このような共通点を考えることで、これら以外のビジネスにおいても「利害関係者が複数いる」と抽象化してみれば、これらのビジネスにおいて関係者間にコンフリクトが起きるときに、各々のビジネスがどのように対応しているかを他のビジネスでも参考にすることができます。例えば、ここまでの話は比較的いわゆるB2C、つまり一般個人消費者向けのビジネスのことだと思って「自分はB2Bのビジネスだから関係ない」と思った人もいるかもしれません。ところが実は、一つの社内で考えてみれば「ユーザー部門と決裁者（役員等）が違う」というのは、むしろ法人顧客相手では日常茶飯事であり、むしろB2Bの方がこの事例から学ぶべきことが多いのではないかと思えてきます。

ユーザー部門が「絶対買います」と言ってきたので、ほとんど商談成立と思っていたら最後に「役員の一言でひっくり返された」等ということは今までなかったでしょうか。これなどまさに、ユーザーと決裁者が違うことから起きる典型的事例で、「子どもは喜ぶが親が顔をしかめる」おもちゃと似た事例だと言えるでしょう。

これがアナロジーによって一見異なる共通点を持つビジネスを見つけることのメリットと言えます。

問44 市場が成立する条件／応用

街の商店やネットショップに商品やサービスがあふれているものの代表として、「英会話教材」と「ダイエット食品」があります。これらは「ありとあらゆる種類のものが多数売られている」「似て非なる商品が限りなく存在する」「毎年続々と新商品が出てくる」という共通点があるわけですが、つまりそれは「継続的に大きな市場がある」ことの証左です。

このように継続的に大きな市場が存在するためには、当然のことながら「大多数の人が必要とするニーズがある」ことが大前提ですが、これら２つの商品にはさらに「大きな市場が長期間存在する」ための重要な要素があります。それは何でしょう？

【解答と解説】

「英会話教材とダイエット食品」に共通する「大多数の人からのニーズがある」に加えての共通点、それは「既存の商品決定打がないこと」です。

「継続的に大きな市場が存在する」のうち、ここで着目すべきは「継続的に」の方です。商品やサービスというのは何らかの顧客のニーズ、つまり問題を解決するために存在し、その問題解決のために顧客はそれらを購入するわけです。

したがって、「継続的に」市場が存在するためには、(食品や薬のように)「空腹」や「病気」といった、人間が生きていれば自然と継続的に問題が生まれてくるような性質のもの、あるいは機械で言えば消耗品のように継続的な利用にともなって需要が生まれてくるようなものか、もう一つは「そもそも簡単に問題が解決しない」かのどちらかが重要になります。

英会話教材もダイエット食品も「これですべてが解決する」という万能薬的な商品やサービスが出てくれば、もはやそれで国民全体が「英語ペラペラのスリム体形」になり、もはやそれ以降はめっきりと他の商品は売れなくなるはずです。もちろん新たな若い世代からそのようなニーズが生まれてくることはあるでしょうが、それだけでは現在の大量の商品やサービスを購入するまでには至らないでしょう。

英会話教材に関しては、少しかじっては飽きてしまったり継続できないのを「自分に合っていないから」と教材のせいにして次から次へと教材を換えまくる人がいるから大量の種類と量が必要とされるわけで、この構図はダイエット食品でも全く同様と言えます。

つまり、逆説的になりますが、継続的に存在する大きな市場というのは、「問題解決したいという強力なニーズがありながら、それを一発で解決するものが存在せずにいつまでたっても成果が出ない顧客が次から次へと新しいものを試し続ける」ことが必須になるわけです。

この他にもこのような性格を持った商品やサービスからなる「継続的に大きな市場」はないでしょうか？

是非皆さんの業界、あるいは自分が消費者の立場でそういうものがないか、考えてみてください（「思考力の書籍市場」なんていうのは果たしてそれに該当するのでしょうか？）。

問45　自らの首を絞める製品／応用

照明用の電球や蛍光灯の代替としてＬＥＤ照明が、旧来の照明に置き換わりつつあります。利用者にとっては、価格は高いものの消費電力が少なく寿命が飛躍的に伸びるという点で画期的な商品だったといえるでしょう。ところがこれはメーカー等の提供者側にとってはある意味「考えもの」の商品です。なぜなら寿命が飛躍的に伸びるということは、交換頻度が激減することを意味し、それはつまり市場全体の（少なくとも販売数量という点では）大幅な縮小を意味するからです。

このように、「利用者にとっては利便性が上がって手放しで喜べるものの、提供者側からは市場縮小を意味する」ような製品は他にないでしょうか。これまでに起こった変化や今後起きうる可能性等も含めて、様々な業種の製品やサービスを対象にリストアップしてみてください（もうおわかりだと思いますが、本問は前問の応用問題です）。

【解説と解答例】

本問は、前問とは逆に顧客の定期的需要をもなくしてしまうほどの解決力を持った商品の話ととらえることができます。問題中に示した「利用者にとっては利便性が上がって手放しで喜べるものの、提供者側からは市場縮小を意味する」というのが、ＬＥＤの特徴を抽象化した表現で、それを他の製品に当てはめられないか、という具体化の部分が本問です。つまり本問は、一度抽象化した特徴を具体化する演習問題だと思ってください。

このように、世の中のヒット商品を単にその商品の良さだけで終わらせるのではなく、抽象化して特徴を抜き出すことで、他のあらゆる業種や業界にあてはめてみるというのがアナロジー思考のビジネスへの応用方法です。

それでは実際の例を考えてみましょう。ＬＥＤ照明のごとく、「製品寿命が長くなる」（買い替えサイクルが長くなることで購買頻度が下がる）のは、機械ものであれば一般的に何にでも当てはまるのではないでしょうか。電気・電子機器では逆に製品の「進化」にしたがって機能の数が飛躍的に増えることで、新機能による買い替え需要を喚起することができるところは照明と違うところと言えるかもしれません。このように、「何が同じで何が違うのか」を併せて抽象化して考えることで、次に起きることを予想していくのも抽象化やアナロジー思考の基本的な考え方です。

このように、どのような製品でも「純粋に顧客の便益を考えるのであれば、一刻も早く新機能を導入（寿命を延ばす等）することでより価値の高い製品を発売する」のがよいのでしょうが、それはある意味で自分たちの首を絞めることにもなりかねません。恐らくこのような場合には、社内で製品開発について議論する際に2つの意見が出てくるでしょう。「とにかく顧客の便益重視で一刻も早く寿命の長い製品を出す」派と「それをやると自分たちの首を絞めることになりかねないので、『様子を見ながら徐々に導入する』」派です。

もちろんこれには正解はありませんが、もし技術的に可能なのに自らの都合を優先して顧客をないがしろにするという戦略をとれば、遅かれ早かれ他社がそれをやってくることで新製品のシェアを容易に明け渡すことになるでしょう（これは「スロー導入派」からすれば必ずしも悪いことではないのですが）。

ここに一つイノベーションに関する重要なポイントがあります。それは、前の世代の成功者は次の世代に乗り遅れることが多いという、いわゆる「イノベーションのジレンマ」です。新製品が旧製品の市場を駆逐してしまうことで、旧世代の成功が否定されてしまうことが見えている場合に、旧世代の勝者がそこで二の足を踏んでしまうというのは、このような構造的な理由によることも多いのです。

需要がなくならないものの代表が「飲食」ですが、それに準ずるのが「消耗品」です。消耗品を消耗しないようにするのは、ある意味で需要キラーであり、それはとりもなおさず「売上キラー」にもなりかねないのです。

さらに医療の世界は「治療から予防へ」という方向で、そもそも病気が起こらないようにして病気の発生を抑え、「そもそも病気にならない」ことで治療を少なくして医療への負担を抑えようとしています。一般的に言えばこれは「仕事がなくなる」という方向ではなく、オーバーフローしている仕事の負荷を減らす方向となるはずですが、例えば「虫歯がなくなる」という究極の状態が実現すれば、歯科医師の仕事は激減することになるでしょう（ただしこの場合にはおそらく美容や健康のために、さらにレベルの高い歯の治療や予防のニーズが生まれるという形で「市場が変化していく」であろうことが予想されるのは、医療以外のビジネスの世界を見ていてもわかります）。

このように、1つの事例を抽象化することで全く異なる業界を含む一般的法則を導くことができ、そうすれば「一を聞いて十を知る」という抽象化やアナロジー思考のメリットを十分に享受することができるようになるのです。

問46　名言・ことわざの力／実践

「魚を与えるのではなく、釣り方や漁の仕方を教えるべきである」という言葉があります（起源は老子など諸説あり）。英語でも「誰かに魚を一匹与えれば、一日は飢えをしのげるだろう。だが魚の釣り方を教えれば一生飢えをしのぐ事が出来るだろう（Give a Man a Fish, and You Feed Him for a Day. Teach a Man To Fish, and You Feed Him for a Lifetime）」という言葉で語られています。

ここでは「魚と釣り方」という関係で2つの事柄の関係が比較されていますが、同じような構図が私たちの身の回りで他にもないでしょうか？
日常生活やビジネスの場面等で当てはまる構図を挙げて、それらの共通点を考えてみてください（ヒント、教育、医療、補助金、その他様々な支援等）。

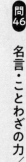

【解答と解説】

読者の皆さんは、自分の経験やいまの仕事や生活に様々な形でこのような「2つの選択肢」の違いを当てはめてもらえたのではないかと思います。

まずは教育で考えてみましょう。「魚」とはすぐに使えるもの、つまり実務的な知識や実践的な知識ということになります。職業学校や専門学校で教える知識がそれに相当するでしょう。これらの実践的知識の特徴として、長所は「すぐに使える」ものである半面、短所は時間が経つと陳腐化するリスクがつきまとうことです。逆に教育において「魚の釣り方を教える」のが本書のテーマである思考力を養うことになります。思考力が知識を生み出します。したがって、思考力を養えば、「それですぐに食えるようになる」わけではないですが、どんな状況下でも生き残れる長期的な力が養えることを意味します。

医療で考えれば、手術や短期的に患部を直接治療する薬が「魚」に相当し、そもそもその病気の原因となっている生活習慣や食習慣を根絶することで「長期的に根元から絶つ」治療、あるいはそもそものような状況にならないようにするための予防の習慣を確立することが「釣り方を教える」に相当します。

「お金の補助の仕方」も同様です。すぐに使える現金をあげるのが「魚」だとすれば、そもそのお金の稼ぎ方や投資・運用の仕方を教えることで、長期的に生きていけるようにするのが「釣り方を教える」ことになります。医療と同様、現場で困っている人は常に「すぐに使えるお金が欲しい」と訴えることになるでしょうが、これを繰り返すと結局いつまでたってても「鎮痛剤が手放せない」という状況になり、いつまでたっても自分で稼ぐことができないという悪循環に陥ることになります。

この他にも同様の構図はいろいろあるのではないでしょうか。

ここで着目すべきは、場面は違ってもこれら「魚」と「釣り方」の関係性はどの世界でも同じようなことが起きるということです。

・多くの「いま困っている人」は「魚」を欲しがり、「釣り方」には興味を示さない
・その結果、根本的原因はいつまでたっても解決しない
・むしろ「いま困っていない人」の方が余裕を持って「釣り方」を学び始めるために、長期的には「困っている人」と「困っていない人」の差はますます開いていく

という構図です。

個人や団体への補助金の配布もこの構図に従うとすれば、貧富の差が拡大していくのもこのような構図によって説明できることがたくさんあるのではないでしょうか？

ことわざや名言は何のためにあるのか

このように見てくると、冒頭の言葉はおよそ人を助けるときのほとんどの状況に当てはまることと言ってよいでしょう。常に先の比較で示したような「短期的支援」と「長期的支援」の関係が発生するわけですが、これらを共通の構図としてとらえている人は実はあまりいないのではないでしょうか？

そうすると何が起きるかといえば、教育現場で何を教えるべきか、病気をどのように治療すべきか、途上国支援はどのようにすべきかといった各々の違う場面の現場で「どちらがよいのか？」という議論が個別に繰り返されるわけですが、抽象化してしまえばこれらの議論のポイントは「すべて同じ構図」であるといえます。

このような構図を知っていれば、先の一般論でまとめたように、多くの人は「何が欲しいか？」と聞かれると「魚が欲しい」と答えるので、そのような表面的な声に応えることが必ずしも長期的にはもらう側にとってのメリットをもたらさないという構図であるのは明白であるのに、実際には「もらう人に何が欲しいのか聞いて、魚を与えて終わってしまっている」ことが多くなることにすぐに気づくことができるでしょう。

ここに民主主義の限界も見えてきます。「魚を与える」政策の方が票が取りやすいのはこの理由によります。したがって当然政治家が選挙時に前面に出す施策は「魚を与える」方向に行くわけですが、これを多くの評論家は理想論から「釣り方を教えるべき」と批判してきます。ただしこの原因は「何も考えていない政治家」にあるのではなく「魚を欲しがる大多数の国民」にあることは明白です。

このように、ことわざや名言というのは、一見具体的な（「魚と釣り」のような）ことを語っているようでいながら、実は抽象度の高い一般論を示唆することで様々な応用範囲（教育、医療等）に関して適用ができるものなのです。

第6章

仮説思考

問47 情報が先か仮説が先か／基礎

あなたが自分のあまり詳しくない領域で新しいグループの人たちをリードしなければいけない状況になったとします。例えば新しい配属先でリーダーをまかせられたとか、プロジェクトリーダーに任命されたといったような状況です。このような状況下でまず何から始めますか？

あえて次の2つのどちらか一方を選んでください。

①まずは関係者にインタビュー調査をして現状を把握する

②素人なりに自分で方向性に関する案を考えてみる

【解答例と解説】

これは仮説思考に関しての問題です。

仮説思考とは「ことに及んで仮説を立てること」であるのは、その定義から誰にでも明らかなのですが、実践ができない人の大きな障壁となるのが、仮説の前にまず情報を集め始めてしまうことです。

これは、第1章で説明した川下側の世界にいる人、あるいは川下仕事のやり方にすっかり染まっている人に顕著にみられる傾向です。同様の理由で完璧主義者の人が「ざっくりと全体像を作る」という仮説思考の肝の考え方が実践できないこともよくある現象です。

要は「情報が足りない病」から抜け出すことが仮説思考に踏み出すための第一歩なのです。

ここまで読めば、先の問題の解答が見えてくると思います。

「情報が足りない病」の人は間違いなくこのような場面で「まずは皆の意見を聞く」ところから始めたくなるでしょう。これは川下側、つまりある程度仕事が軌道に乗って何年も定着しているような場面では有効ですが、川上の場面では適していません。

川上における仮説思考に際して臨むべき姿勢は②の「まずは仮説を作る」です。川上の仕事というのは、情報がなく「線路が敷かれていない」が故に、フリーハンドで情報を集め始めると様々な現場の意見に翻弄されて右往左往することになります。このような場合には、とにかく知っていることだけで大きな方向性の仮説を立てたうえで様々な意見を聞く必要があるのです。

製品に関する顧客要望を聞く際も同様です。川下の製品とは、既に発売後時間が経って市場に浸透し、ユーザも十分な利用経験がある場合です。このような製品の改善に関しては「まずアンケートを取る」といった情報収集の仕方が有効ですが、全く新しい方向性を持った製品を企画する場合には、まずは自分で仮説（＝新製品のプロトタイプ）を作った上で潜在ユーザへの情報収集を開始することが不可欠になります。

ここまで書いてもやはり「いやその仮説を作るのに情報が必要なんだ」という（まさに鶏と卵と一緒の）水かけ論が始まる可能性がありますが、ここに納得できない場合は、川上の仕事や仮説思考に取り組む準備がまだできていないと考えた方がよいでしょう。
仮説思考が染みついている人というのは、たとえ「いきなりインタビュー」になってとしても、相手に会うまでのわずかな移動時間（最近ならウェブ会議の起動時間）の一瞬にでも頭の中で準備できてしまうのです。

「仮説が先か情報が先か」という問題は、ある側面では「鶏が先か卵が先か」のようにお互いに依存しながら循環するものではあるのですが、仕事の川上における情報が少ない状況下ではあえて「仮説が先である」ことを意識することが必要となります。

ここが仮説思考を実践するうえで乗り越えるべき一つの心理的障壁になります。
「情報がないからまず情報を集める」というのは自然な考え方に見えるかもしれませんが、これは典型的な川下的な発想で、川上では「情報がないからこそまず仮説を立てる」を優先することが重要です。

この問題、先の問37と類似の状況設定とお気づきでしょうか？

つまり、このような状況では、仮設思考とフレームワーク思考を組み合わせることで「ざっくりと全体像を作ることで情報収集の土台を作る」ことができるのです。

問48　仮説思考に基づく計算①／応用

次のような「３ケタの数字同士の掛け算の四択問題１００問」があったとします。

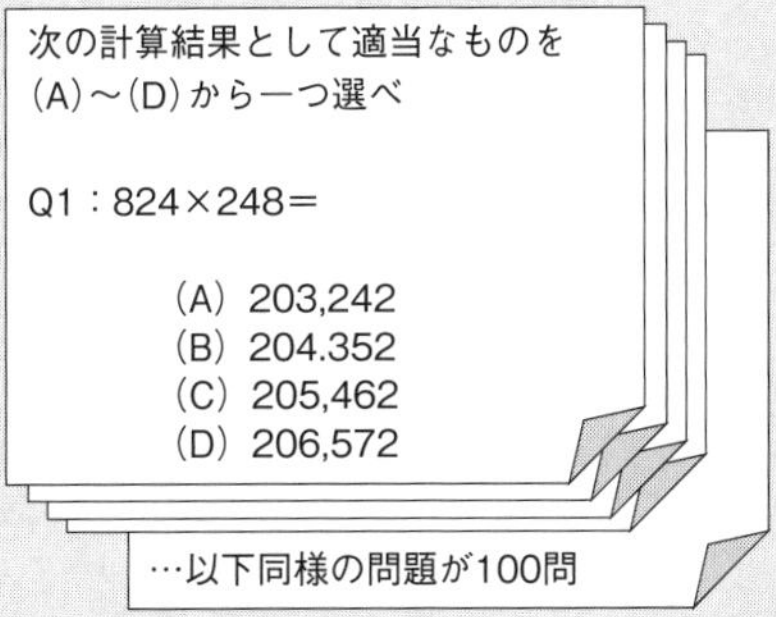
次の計算結果として適当なものを
(A)～(D)から一つ選べ
Q1：824×248＝
(A) 203,242
(B) 204.352
(C) 205,462
(D) 206,572
…以下同様の問題が100問

制限時間が次の３通りだった場合に、どのように解くのが最も高い正解率を得られるでしょうか？

(1) １００分
(2) 10分
(3) １分

※計算機等は使用不可とし、メモと筆記用具のみ利用可とします。また解答はマークシートの該当する選択肢を塗りつぶす形とします。

【解答例と解説】

まず(1)ですが、100分「とにかく真面目に計算する」のが正攻法として通用することになるでしょう。1題に1分ですから、決して余裕がある時間ではないかもしれませんが、普通に計算すれば十分な時間と言えるのではないでしょうか。

もちろん100分間計算し続けるのは集中力の維持が難しいかもしれませんが、高得点を狙う以上そこは何とかするとすれば、最も堅実な方法と言えるでしょう。しかしながらこの方法は本書の趣旨にしたがえば、「最も頭を使っていない」(工夫していない)方法と言えます。

また、この問題に限って言えば、あるいは特定の問題に限って言えば、計算の工夫ができる問題もあるかもしれません。例えば「1の位に着目する」と考えた人がいるかもしれませんが、それはこの問題に限って言えば適用できないことはわかるでしょう。ただし他の問題には使えるかもしれません。

このように「計算の工夫をする」ことはもちろん必要なのですが、この問題の趣旨は、問題の種類によらず(あるいはどんな問題が出るかわからない状態で)汎用的な解法はどんなものかということです。

次に⑵はひとまず置いておいて、⑶を先に考えましょう。恐らくここまで極端に時間がなければ取れる選択肢は1つしかないので、⑶に関しては多くの人が「解法」を思いついたことでしょう。それは、「とにかく（あてずっぽうでもなんでもよいので）問題にかかわらず1つの選択肢を塗りつぶす」ことです。1分間で100個のマークシートを塗りつぶすということは、ほぼこれは「頭の運動」ではなく「手の運動」になります（それでも1秒で2つ近くを塗りつぶすということはかなりのスピードが要求されます）。

さて、では一番意見が分かれるであろう⑵についてはどうでしょうか？

まともに計算するには10分という時間はあまりに短く、かといって、「とにかく塗りつぶす」よりは少し時間がある場合にはどのような戦略が使えるでしょうか？

ここでのポイントは、100問の難易度や内容が開始時点ではわからないということです。もしかすると先に述べたような、1の位が選択肢によって異なっているものがあれば、それは「瞬時に」答えを見破ることができるかもしれませんが、そういう問題は「あるのか、ないのか？」あるいはあるにしても「どの程度あるのか？」がわからないのです。

さらに言えば、もしかすると54番目ぐらいの問題は「100×100」といった「見た瞬間に答えがわかる」簡単なものかもしれません。いずれにしてもどの程度このような「簡単な」問題があるのか、ないのか、どの程度あるのかがわからないのです。

このように「何が出てくるのかわからない」かつ、時間が十分にないという状況下で取るべき手段は何でしょうか？　そろそろわかってきた人が多いのではないかと思います。

(2)においては、「まず問題をすべてざっと確認する」ことの重要性が圧倒的に上がるのです。要は優先順位をつけることです。もちろん、(1)でも(3)でもこれは有効かもしれませんが、(1)であれば、優先順位をつけたところでいずれにしても満点を狙えるのであれば、どの問題からやるかの重要性は(2)に比べれば下がるし、(3)の場合は「そんなことしている間に1問でも多く塗ってしまった方がよい」ことになるのです。

このように、「時間と情報が十分にない」中で最高の得点を取るという状況下においては「ざっくりと全体像を見て優先順位をつける」ことが重要になるのです。

実際のビジネスの現場においては、(3)ほどの無茶な状況も少ないでしょうが、(1)ほどに十分な時間が与えられることも少ないはずです。そんな場合には、「ざっくりと全体像をつかむ」ことが重要になることがおわかりでしょう。これを実践するための考え方がここまで述べてきた「仮説思考」なのです。

問49

仮説思考に基づく計算②／応用

日本国民全員にマスクを2枚ずつ配布するのに必要な予算はいくらぐらいでしょうか？

大体何ケタ（数億？　数十億？　数百億？　数千億？　数兆？）の前半か後半かを「10秒で」（最長でも30秒）考えて、その理由も明確にしてください。

【解答】

本問のポイントは制限時間がたったの10秒であることです。

本問の目的は、「(超) 短時間でざっくりと桁の感覚をつかむ」ことです。これは、具体と抽象の観点でいうと、抽象化の練習にも通じるものがあります。「要するにどういうことか?」を説明するのが抽象化の切り口の一つでしたが、ここでは「大体どのぐらい?」という結果をざっくりと算出することになります。

これらに共通しているのは、共通化のコアである「枝葉を切り捨てて幹を見ることができるか?」という視点です。

もはやここまで時間が短くては、できることは限られています。日本の人口は1・2億～1・3億人ですから、ばっさりと「1億人」とし、マスクの単価は100円程度とし(コンビニや駅の売店等で売っているものは「5枚で300円」とかそんなものですね。もちろんまとめ買いの安いものもありますが、2枚だけだと単価はそれなりに高いものにはなるでしょう。何しろ10秒なので計算しやすい数字とします)、あとは配送料ですが、これもざっくりと郵送料と同等と考えれば100円超とかそんなものでしょうか。

何しろ10秒ですから、せいぜいこの程度の精度で考えるのが精いっぱいでしょう。

これらから、1億人×（100円+100円）≒200億円という結果が出てきます。恐らくマスクの値段や配送料は「倍 or 半分」ぐらいの誤差が含まれているでしょうが、各々が相殺する可能性も考えれば、結論は「百億円単位の前半」という答えが出てくるのではないでしょうか。マスクの単価や配送料は個人の経験や情報次第で変わる可能性はありますが、少なくとも100億円未満や1000億円以上という答えは考えにくいのではないかと思います。

参考までに、類似のデータとして「1世帯に2枚ずつ」配布されたとされる、実際に日本で行われた施策（通称「アベノマスク」）の予算が260億円と言われていますので、本問はこれより数割多い程度と考えれば、先の予測もそれほど大きくはずれていないであろうことは予想できます。

似たような問題をもう1つ出します。コロナ禍になった後の1年間のマスクの市場規模はいくらになったでしょうか？　自分で「10秒で概算」した後に実際の数字はネット等で確認してください。

これらの問題そのものはそれほど難易度が高くなかったかもしれませんが、日々の仕事の中で、様々な施策に「これ結局年間どのくらいになるの？」のような疑問を常に「10秒で」考えている人は意外に少ないのではないでしょうか。

さらにこのような問題は皮肉なことに、自分の会社の製品やサービスといった、むしろ知識が豊富な領域ほど難しくなるという結果になるのです。その理由は、そのように知識や情報を多く有している領域だと具体的な詳細にとらわれてしまって「ばっさりと抽象化して」考えることが難しくなってしまうからです。特に日々の業務に忙殺されていると、「要するに自分の製品やサービスは何人のお客様にいくらで売れていて、年間の売上はいくらなのか？」といった、ある意味で極めて基本的な数字を見失ってしまいます。このような「結局一人当たりいくらなの？」という発想は、ビジネスにおいては「顧客への付加価値を考える」という視点を醸成するのにも役に立ちます。

ビジネスの現場に埋没していると、ついつい個別具体に目を奪われて全体像を見失うことがありますが、時にこのように思いっきり上空からシンプルに物事を見てみることも重要です。

先にお話ししたように、この問題は「10秒で考える」ところがポイントです。
短時間で何ケタなのか？　を考えるトレーニングだと思ってください。なぜそのような感覚が必要なのかといえば、それが「ビジネスセンス」につながるからです。経営感覚と言ってもよいでしょう。つまり、このような感覚を持っているか否かが、経営者と一般社員の感覚の違いと言ってもよいでしょう。

もちろん「自分は『一社員』であって、エクセルの表の数字を日々計算するのが仕事だからこういうセンスは必要ない」と思う人もいるかもしれませんが、それにしても、このようにざっくりと全体像をつかむ感覚は少なくとも持っていて損になることはないどころか、経営者と話をしたり、様々な関係者と話をするときに役に立つ考え方になるだけでなく、恰好の抽象化のトレーニングにもなります。

言い換えれば、これは問26で示した「懐中電灯」的な頭の使い方をどこまで実践できるかというトレーニングです。日々の実務に忙殺されると、ついつい視野が狭くなって「レーザーポインター」的な頭の使い方になってしまうのをストレッチするための問題だと理解して下さい。

これに関連して「ざっくりと全体の数字感をつかむ」話題を取り上げましょう。

東京オリンピックとパラリンピックの開閉会式には165億円の予算が確保されたと言われています。これらには様々な評価がありましたが、例えばこれを「投資対効果」という観点で見た場合には、「一人当たりいくらかかっていたのか?」という視点で見ることもできます。これを見た日本人の数や世界中で見た人の数で割り算すれば、「一人当たりの見物料」という解釈で見ることもできます。そのような視点で見た場合に、皆さんはこの予算を高かったと見るでしょうか? あるいは安かったと見るでしょうか?

もちろんこのようなセレモニーの目的は単に観衆を喜ばすことだけではないですが、そのような状況を想定すると、どんな効果がどのぐらいありそうで、それはこの予算を考慮すると高くついたのか、安くついたのか、ぜひ皆さん個人個人で考えてみてください。

※ 菅義偉官房長官（当時）は2020年6月1日の記者会見で、全世帯へ布マスクを配布する費用である約260億円の内訳として、マスク調達費は約184億円、このほか配送費などで約76億円が見込まれることを明らかにしています。

問50　相手から考える／基礎

高校2年生で学級委員のタツヤ君は、担任のタナカ先生から「来週から新しい先生が来るから、その先生向けにクラスの座席表を作っておいて」と言われました。さて、どちらの座席表の方が今回の目的にふさわしいでしょうか？

【A】

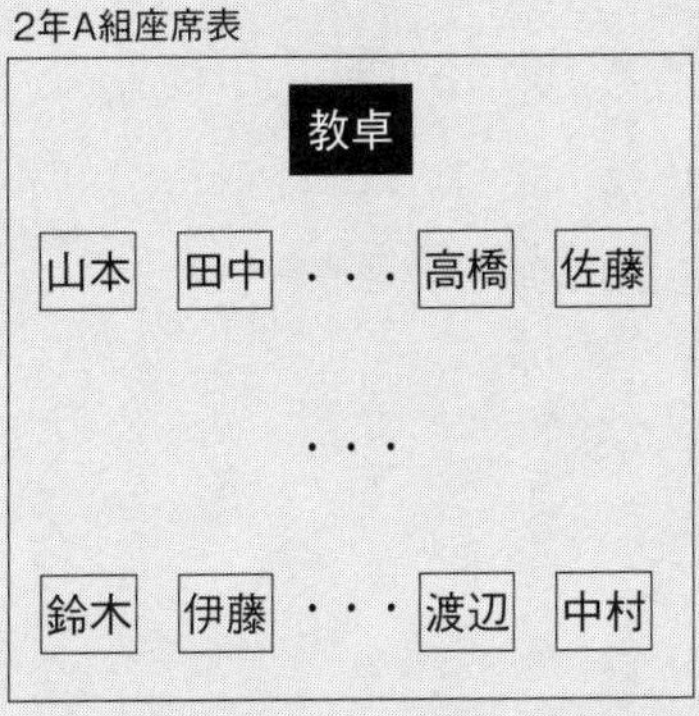

【B】

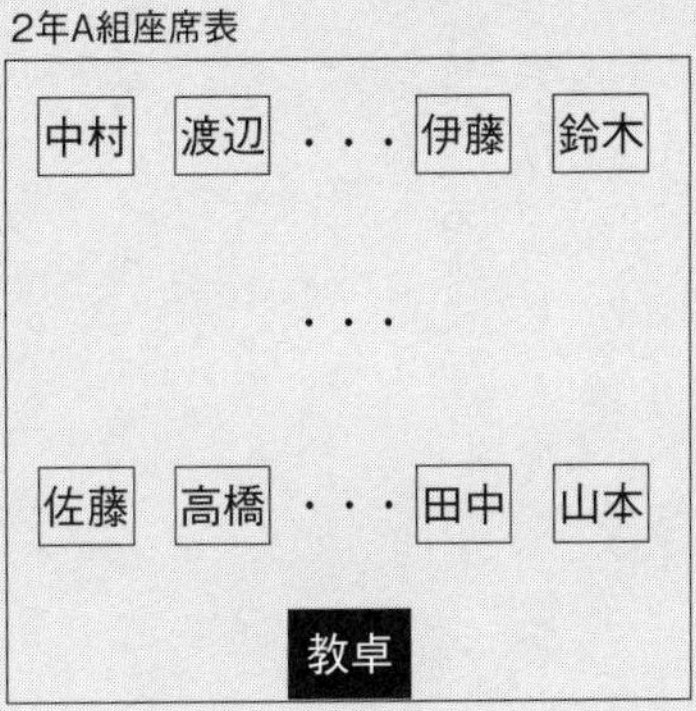

【解答】

恐らくこの問題に間違える人はいないでしょう。

一般によりふさわしいと考えられる座席表は「B」の方です。理由についても全ての人は一瞬のうちにわかったと思います。

ただし問題はここからです。

確かにこのような2つの選択肢を示されれば「A」を選択する人はいないでしょう。でも実際にタツヤ君と同じ依頼をされた場合に「A」の座席表を作ってしまう人は少なくないはずです。それは、常に自分が座っている「教室の景色」は「A」であり、教室と言えば生徒側から見える風景がすべてになっている可能性があるからです。

ここまでならまだ「A」を選ぶ人は少ないのかもしれません。さらにその先が問題です。

実は世の中には「Aの座席表」があふれています。例えば、

・自社の製品・サービスの特長しか話さず、「それが相手にどういうメリットをもたらす

か？」が欠如している営業の提案やプレゼンテーション
・困ってもいない若者への強引な年長者からの「親切心からのアドバイス」
・「誰かのためにしている」ように見えながら、実は自己満足でしかなく、当事者には迷惑でしかないボランティア活動

これらはすべて「自分視点」から抜けられずに「相手視点」が欠如している（ことに気づいていない）ことの典型例と言えます。

最初のビジネスにおける提案やプレゼンテーションの例で言えば、相手の状況も全く考慮せずに「この製品やサービスではこんなことができます」「こんなすごい性能があります」「こんなに売上があって世界展開しているすごい会社です」と、「生徒側視点」のセールスポイントを連発するものの、「教卓側からの視点」が完全に欠如しているものが後を絶ちません。

もちろん人間は基本的には「自分視点」でしか語ることはできません。例えば「いや、そ

んなことはない。自分はいつも顧客視点、従業員視点、株主視点で考えている」などと言う経営者がいたら、皮肉なことにそれこそが自分視点の塊であることの証明になります。

所詮それらは「『顧客ならどう考えるか?』と自分視点で」考えた結果でしかないからです。

重要なのは、「所詮人間は自分視点でしか考えられないのだ」というメタの視点（一歩引いた俯瞰的視点）を持つこと、そして自分視点の限界を十分に認識したうえで最大限に相手視点を想定してみることになるでしょう。

この問題はむしろアナロジー思考の問題と言った方が良いのかも知れません。比較的わかりやすいこのような日常の事例から、いかに多くの領域への学びを経て改善につなげていくのか、まさに抽象化能力が問われるというわけです。

さて、本書はどちらの「座席表」になっているかを改めて著者として振り返ってみることにします。「もちろん『B』の視点です」と言いたいのはやまやまですが、そもそもそんなことを自分から言ってたとしたら、そのこと自体が「A」の視点なのです。「A」なのか「B」なのかを決めるのはあくまでも「受益者側」であって、「提供者側」ではないことは強く肝に銘じておくべきことでしょう。

おわりに

「考える力」のトレーニングのための50問、いかがでしたか？

「はじめに」でも明記し、本文中で何度も繰り返したように、本書のキーメッセージは「正解がない問題」への向き合い方であり、それは言い換えれば「もやもやとの闘い」とも言えます。正解がある世界で心地よいのは、正解を教えてもらった時のスッキリ感です。ところが皮肉なことに、それはＡＩが最も得意とする「０か１か」のデータベースとしての知識の世界において最もよく当てはまることなのです。

考える世界に足を踏み入れるということは「常にもやもやに耐えること」を意味しています。さらに言えば、思考力の最大のトレーニングは「答えのない状態を楽しめるようにすること」なのです。本書はそんな目的を達成できることを目指して執筆しました。読者の皆さんの今後に役立つものとなっていれば幸いです。

「もやもやに耐えること」「正解のない世界」を終始推奨してきましたが、「正解を持つべき世界」もあります。それは「自分で決めたことを実行に移す時」です。人生は意思決定の連続です。そこでは決めた後に「もしかしたらもう一つの選択肢にしておけばよかった」と思うこともあるでしょう。でも自分で決めたことを実行に移す場合には「もやもやしている結論を正解だと信じ込むこと」も重要です。もう決めてしまった以上、コントロールできないことは悩んでも仕方がないので、それが正解だと思って、他の選択肢にはわき目も振らずに突き進むことです。「正解がない」ということは「不正解もない」のです。

逆に言えば、他人が選んだ選択肢を正解だとか不正解だとか言うことには何ら生産的な結果はついてこないでしょう。簡単に言えば「時間の無駄」だということです。決めるまではとことんもやもやを楽しみ、決めた後はわき目も振らない、それが意思決定の前後の頭の切り替えのコツということになるでしょう。

そんな人生の意思決定を繰り返す読者の皆さんの人生に、本書の「トレーニング」が何らかの形で貢献できるものとなっていることを祈ります。

最後になりましたが、本書の企画より編集までお世話になりました日経ＢＰの永野裕章様に感謝致します。企画編集以外にも本書に関わられたすべての関係者の方々にも感謝の意を表します。

２０２２年4月　細谷功

細谷 功（ほそや・いさお）
ビジネスコンサルタント／著述家。1964年、神奈川県に生まれる。東京大学工学部を卒業後、東芝を経てビジネスコンサルティングの世界へ。アーンスト&ヤング、キャップジェミニ、クニエなどの米仏日系コンサルティング会社を経て2012年に独立。著述活動を本格化させるとともに、問題解決や思考に関する講演やセミナーを企業や各種団体、大学に対して行っている。
著書に、『地頭力を鍛える』『アナロジー思考』(以上、東洋経済新報社)、『メタ思考トレーニング』『具体⇄抽象トレーニング』(以上、PHPビジネス新書)、『具体と抽象』『「無理」の構造』『自己矛盾劇場』(以上、dZERO)などがある。

日経文庫
ビジネス思考力を鍛える
クイズで特訓50問

2022年6月15日　1版1刷
2022年7月8日　　2刷

著　者　細谷功
発行者　國分正哉
発　行　株式会社日経BP
　　　　日本経済新聞出版
発　売　株式会社日経BPマーケティング
　　　　〒105-8308　東京都港区虎ノ門4-3-12

ブックデザイン　松田行正／杉本聖士
組版　朝日メディアインターナショナル
印刷・製本　三松堂

©Isao Hosoya,2022　ISBN978-4-296-11382-8
Printed in Japan

本書の無断複写・複製（コピー等）は著作権法上の例外を除き、禁じられています。

購入者以外の第三者による電子データ化および電子書籍化は、私的使用を含め一切認められておりません。

本書籍に関するお問い合わせ、ご連絡は下記にて承ります。

https://nkbp.jp/booksQA